EL MIEDO ES TU MAESTRO

ÁLVARO VIZCAÍNO

EL

MIEDO

ES TU

MAESTRO

10 CLAVES PARA CONVERTIR
TUS INQUIETUDES EN OPORTUNIDADES

Edición y epílogo de Francesc Miralles

Urano

Argentina – Chile – Colombia – España
Estados Unidos – México – Perú – Uruguay

ISBN: 978-84-18714-84-9
E-ISBN: 978-84-10495-54-8
Despósito legal: M-1.357-2025

Fotocomposición: Urano World Spain, S.A.U.

Impreso por: Rodesa, S.A. – Polígono Industrial San Miguel
Parcelas E7-E8 – 31132 Villatuerta (Navarra)

Impreso en España – *Printed in Spain*

Índice

Introducción: El guía del acantilado

Si no temes a nada, si el futuro no te preocupa y jamás te asalta la ansiedad, este libro no es para ti.

Si, por el contrario, la incertidumbre te afecta y a veces te angustian los tiempos cambiantes que te ha tocado vivir, tranquilo, eres un terrícola perfectamente normal.

Es para ti que he escrito este libro.

Y lo he hecho porque siento que los manuales para tener éxito, que solo se centran en lo positivo, acaban generando más ansiedad. En vez de ser una ayuda para realizarte, ponen las metas en horizontes que parecen alejarse de ti continuamente.

Cuando sepas mi historia, si no la conoces ya, entenderás por qué puedo hablar de esto.

En mi opinión, algo muy doloroso en la vida es no entender las habilidades no desarrolladas, todo aquello que somos en potencia. Y la experiencia me ha enseñado algo muy claro: estas capacidades ocultas se esconden detrás de nuestro miedo protector.

Utilizo esta expresión porque, como irás descubriendo a lo largo del libro, el miedo tiene una función vital: apartarnos de los peligros —y entiende cualquier novedad como una alarma— y mantenernos en la zona de confort, por muy limitante que a veces pueda ser. Sin embargo, es en ese territorio desconocido donde reside nuestra fuerza y prosperidad a largo plazo, no donde las cosas son fáciles o «nos van bien».

Todos necesitamos inspiración y espíritu de desafío para afrontar los retos que se nos plantean día a día, tanto los nuevos como los de siempre. *Somos criaturas imperfectas en un mundo cambiante.*

El miedo es tu amigo y tu maestro, y tú como un estudiante de artes marciales —¿qué mayor lucha hay que vivir?— tienes que practicar sus continuas lecciones, en tu camino hacia la maestría.

Por lo tanto, tienes derecho a preocuparte, a bloquearte —incluso sin razón aparente—, a cambiar de rumbo y a atreverte con cosas que antes te superaban.

Este va a ser nuestro objetivo.

Para este viaje, será importante reconocer que nuestra vulnerabilidad y la capacidad de cambiar es lo que nos hace humanos.

Es muy posible que hayas oído esta expresión: «Tu libertad está al otro lado del miedo». Esta afirmación, para mí, es ingenua, porque le faltan matices.

¿A qué tipo de libertad nos referimos?

¿Y qué entendemos por miedo?

¿Es algo que está ahí fijo, sin que podamos moverlo, o es un horizonte de posibilidades en lugar de problemas?

Mi cometido es que aprendas a delimitar tu horizonte de posibilidades en este libro.

Puede que hayas visto la adaptación al cine de la aventura que me llevó a sobrevivir contra todo pronóstico. Casi tres días náufrago, con lesiones terribles, superando pruebas de vida o muerte, en las que todo estaba en mi contra. O puede que este sea tu primer contacto conmigo. Sea como sea, es un privilegio para mí acompañarte en este viaje.

En mi recorrido vital tuve que transitar por una experiencia de incertidumbre extrema y tomar decisiones drásticas para salvar mi vida. Eso supuso una invitación a profundizar sobre la prueba que tuve que afrontar, lo cual me llevó a preguntarme por el significado de mi existencia, además de manejar las lecciones de vida que inevitablemente se presentaron ante mí.

Mi «baile con la muerte» fue una terapia de *shock* en toda regla, y entender el significado de lo que allí ocurrió es lo que me ha permitido escribir este libro. Gracias a esa experiencia, hoy en día me dedico a inspirar a equipos que afrontan toda clase de retos empresariales y personales.

En las páginas que siguen encontrarás lo siguiente:

- Las claves para convertir el miedo en tu maestro, basándome en lo que a mí me ha servido.
- La experiencia y los secretos de otras personas que han superado enormes adversidades.
- Cómo plantearte las preguntas correctas.
- Claves para pasar a la acción con sabiduría.
- Las distintas etapas que debes cubrir para transformar la energía del miedo en potencial.

El resto lo pondrás tú, porque este libro va sobre ti. Sobre tus ganas de empoderarte, de encontrar equilibrio, foco y propósito.

De hecho, a medida que avances en la lectura, espero que vayas escribiendo tu propio manual de vida a partir de tus anotaciones y respuestas a las preguntas que se plantean. Te será muy útil para el viaje que empezará justo cuando termines la lectura.

Mi intención original era titularlo *El guía del acantilado*, porque el método que vas a aprender parte del momento en el que resbalé y, literalmente, me encontré colgando de un precipicio. Imagínate el terror de ver tu cuerpo suspendido en el vacío y saber que la caída puede ser fatal.

Guardando las distancias, me parece muy descriptivo de la situación que vivimos actualmente: en un mundo amenazante y «escurridizo», siempre pendientes de lo que pasará a continuación. Cualquiera que sea el desafío al que te enfrentes, tu mayor riesgo es seguir aplicando fórmulas antiguas que no resuelven las nuevas situaciones.

De todo esto hablaremos a lo largo de estas páginas, en las que conocerás también a nuestro invitado estrella: yo lo llamo el «gemelo feo», ese que te pone al límite y que normalmente viene a susurrarte al oído en medio de tus inseguridades, dudas, ansiedades y demás indecisiones cotidianas.

Comprender cómo trabaja el «gemelo feo» es clave para desplegar todo tu poder.

Todos queremos alcanzar metas, prosperar y ser felices. Para ello, el camino que yo te propongo no es el habitual. En mi opinión, no se trata de «ser tu mejor versión», ni siquiera de merecer el éxito o la felicidad; tampoco se trata de esperar a que el karma te premie.

Mi receta es la contraria: *asómate al acantilado, a tu abismo personal, y conectarás con tu verdadero poder.*

Para ello aprenderemos a captar los mensajes de la vida, a confiar en lo que sentimos, ya que las emociones son la clave para descodificar lo que la vida pide de cada uno en cada momento.

En esta emocionante aventura, mi misión es acompañarte y también retarte.

No quiero que te asustes. Ya que voy a guiarte en este viaje, tienes que saber que soy un tipo normal que se metió en un lío descomunal y tuvo la fortuna se salvarse y vivir para contarlo. *Spoiler*: el chico se salva.

Por necesidad y curiosidad, durante y después de mi aventura, encontré las herramientas oportunas.

Al final, todos queremos hacer algo con nuestra vida, conectar con lo esencial, seguir nuestras prioridades, tomar el timón de la nave para asegurarnos de que el rumbo elegido nos lleve al destino que hemos escogido.

Si entablas amistad con tu miedo, comprendiendo lo que quiere decirte, aumentarás las posibilidades de que todo salga bien, porque te vas a encargar personalmente de que eso ocurra.

Además de fomentar lo anterior, vamos a hablar de cosas importantes para tu supervivencia física, mental, relacional, emocional y espiritual. ¿Me acompañas?

¿Vas a seguir en piloto automático o te arriesgas a tomar el timón?

¡Empezamos!

1. El miedo como motor vital

Sobre la función de esta alarma natural en nuestro kit *de supervivencia*

En este libro encontrarás historias de vida, con sus luces y sus sombras. No se trata de un alegato sobre lo fácil que resulta conseguir lo que quieras si te lo propones de verdad y confías en el universo. Más bien es una invitación a contemplar una parte de ti que esconde mucho potencial y que es preciso descubrir, entender y aceptar para crecer de verdad.

La resumiré con este cambio de paradigma:

> *Nos han dicho: «enfrenta tu miedo, libérate de él»,*
> *pero yo propongo: «entiende tu miedo, hazte su*
> *amigo».*

En las páginas que siguen voy a compartir contigo mi historia y la de algunas otras personas que han conseguido llegar a su verdad de una forma u otra. Yo expondré mis ideas y reflexiones, lo cual no quiere decir que sean verdades indiscutibles. Todo en la vida es cuestionable.

Eso incluye parte de mi biografía que iremos desarrollando con la lectura. Sin embargo, primero te voy a contar cómo será el final.

Iré al médico y le preguntaré:

—¿Es grave, doctor?

—Incurable —dirá.

—¿Lo de los dolores?

—No, lo de la vida.

—¡Ah! Ya... Bueno, no tengo nada pendiente.

Pues eso, que estamos vivos y hay que exprimir esta oportunidad para quedarnos satisfechos. De todo eso va este libro.

Asomarse al abismo

Mi historia comienza un caluroso domingo de septiembre, en la isla de Fuerteventura. Yo no pensaba hacer aquella excursión por el Istmo de la Pared en el sur de la isla. Simplemente, di un volantazo repentino cuando vi ese camino que se adentra entre las dunas del sur de la isla: una espectacular inmensidad amarilla que termina abruptamente en una costa de acantilados que vierten la arena de las dunas al mar.

Mi objetivo era llegar a la increíble playa de Cofete por el norte, cosa que no es fácil, ya que está flanqueada por una cordillera abrupta y pedregosa. Se trata de un lugar salvaje, inhóspito y con una energía muy fuerte. Las montañas la recorren a lo largo de los doce kilómetros de playa y bloquean su acceso, a no ser que vayas por el extremo sur, donde un camino desciende hasta casi la orilla.

En el norte, donde estaba yo, no hay camino, solo un mar de dunas y un sendero que usan los pescadores para asomarse a los acantilados y lanzar sus anzuelos. Aquel es un paisaje espectacular alejado de la intervención del hombre y sus infraestructuras que domestican todo a su paso.

Recuerdo parar el coche al final del camino, ya encima de una duna. El panorama es una franja de costa hacia el norte, el Istmo de la Pared, todo arena y acantilados durante unos diez kilómetros. Y, hacia el sur, un kilómetro de arena que se funde con el comienzo de las montañas que flanquean la playa de Cofete.

Mi plan era caminar ese kilómetro y bajar por un caminito donde termina el acantilado y empieza la montaña. Hay una bajada con pendiente que es difícil, pero posible. En una ocasión alguien me enseñó el camino de descenso. Como la playa está encerrada por las montañas, el otro acceso queda muy lejos desde la posición en la que me encontraba. Esas son las únicas dos maneras de entrar a la espectacular playa.

Antes de salir del coche, bebí abundante agua de una garrafa para aguantar unas horas ahí fuera. Tomé mi mochila, mi tabla de surf y comencé a descender disfrutando del paisaje. Después de veinte minutos, ya caminaba cerca del acantilado.

Me despisté mirando un cúmulo increíble de arena seca y no tomé la senda correcta que bordea esa última duna por detrás.

Al errar el camino, acabé resbalando y me deslicé por una rampa arenosa de unos 20 metros. Imagina el susto al comenzar a caer como si me deslizara por un tobogán. Aquello parecía una pista de hielo camuflada con arena. Intenté agarrarme sin éxito a alguna roca para detener mi caída. Clavé las rodillas y las manos en la pendiente, pero fue en vano. La tensión se volvió locura al ver cómo seguía mi caída descontrolada y me acercaba a precipicio.

Solo conseguí frenar mi alocado descenso en el mismo borde del acantilado. Mi cuerpo suspendido sobre una caída de unos 12 metros, y abajo, acechando, las rocas. No tardé en asimilar que mis manos aferradas a la arena resbaladiza no iban a sostener mi peso colgando del vacío por mucho tiempo.

La caída era inevitable y las posibilidades de sobrevivir, escasas.

Sin reto no hay premio

Si te interesa esta historia, la puedes ver en Netflix en la película *Solo* o leer el libro del mismo nombre que escribí yo mismo. En todo caso, en el capítulo de presentación ya hice el *spoiler*. Lo siento, el tío sobrevive y se dedica a dar la paliza con esta batallita a sus incautos lectores.

Me he decidido a escribir este libro porque he descubierto que la gente tiene más curiosidad por descubrir lo que aprendí de aquella experiencia que por los hechos en sí mismos. Así que espero compartir mis vivencias con la mayor transparencia y honestidad.

DOS PREGUNTAS

Me gustaría que pensaras ahora en tu propia historia, la que te ha traído hasta aquí, a tener este libro entre tus manos. Te haré una pregunta:

¿Qué andas buscando?

La segunda pregunta quizá te descoloque más, pero atrévete a contestarla:

¿Qué temes no encontrar?

Si haces el esfuerzo de responder a las preguntas que irán surgiendo a lo largo de este viaje juntos, llegarás a conclusiones sorprendentes, te lo aseguro. Te recomiendo que hagas anotaciones rápidas, sin pensar demasiado, o graba audios, lo que te sea más fácil.

En esta travesía te encontrarás con tramos que pueden resultarte más arduos que otros. Algunos pueden representar un auténtico reto, pero deja que te diga algo que ha sido una brújula en mi vida: *sin reto, no hay premio.*

Si no te arriesgas a profundizar en tus creencias y a evaluarlas, te resultará imposible moverte hacia un lugar diferente. Salir de la zona de confort es francamente incómodo, ya que genera incertidumbre y ciertos descubrimientos que pueden doler, pero créeme que es la única manera.

Por eso, en este libro nos centraremos en entender el mensaje del miedo y utilizarlo a nuestro favor. Este es un aviso para navegantes:

El crecimiento es doloroso.
El cambio es doloroso.
Pero nada es tan doloroso como quedarse atascado
en una situación en la que ya no te reconoces.

Lo que deseas y lo que necesitas

Convertir nuestros deseos en realidad parecía una aspiración posible cuando se publicó el célebre libro *El Secreto*. En esa teoría de la consecución de objetivos vitales, inspirada en la atávica Ley de la Atracción, se nos dice que hay que desear mucho algo, concentrarte a fondo y repetirte que lo vas a conseguir hasta que tu destino se doblegue ante tu insistencia.

Personalmente, considero que la energía bien enfocada trae resultados poderosos, pero no hay que olvidarse de la pregunta clave:

¿Lo que deseas es lo que realmente necesitas?

Este es un principio fundamental que siguen todos los guionistas de Pixar para construir el arco dramático de la historia: *una cosa es lo que el héroe quiere, otra es la que necesita.* Tras la llegada de Buzz, Woody *quiere* volver a ser el juguete favorito del niño, pero lo que *necesita* en realidad es aprender a ser un amigo.

La vida nos va mostrando a su debido tiempo lo que necesitamos. Si en este momento tú no lo sabes, te aconsejo al menos que vigiles con la barra libre de deseos, porque sin una jerarquización de los mismos, por orden de importancia y urgencia, puedes desviarte de tu verdadero camino.

Hay que atender a lo importante y limitar la cantidad de deseos.

Esta sentencia puede ser poco popular. Vende mucho más decir que «puedes conseguir todo lo que quieras si te lo propones». En nuestra era del escaparate digital, hay que vender y prometer el éxito a cualquier precio. «El único límite eres tú», te dirán, y si no lo consigues es porque no lo deseas de verdad.

Me parece una idea muy simplista e infantil.

Como decía Buda hace dos milenios y medio, si persigues demasiadas cosas, corres el riesgo de ahogarte de insatisfacción. Por supuesto que todos queremos gustar, ganar dinero, seducir y ser más felices. Si quieres enfocarlo de manera constructiva, esos deseos pueden ayudarnos a perfeccionar cómo lo hacemos para conseguirlo, a la vez que nos damos cuenta de lo que nos limita para alcanzarlo.

En ese camino de perfección, descartaremos viejos hábitos y crearemos otros que nos sean más beneficiosos.

Sí, ya sé lo que estás pensando: «como si fuese tan fácil disciplinarme». Si notas mucha resistencia dentro de ti, desafíate con esta pregunta:

¿Y si tu deseo no se corresponde con tu verdadera recompensa,
con aquello que realmente necesitas, y por eso te falta motivación?

Mi amigo Francesc Miralles dice en sus charlas de Ikigai que una cosa es lo que tú quieres de la vida, y otra la que la vida quiere de ti. En la intersección entre ambas está tu verdadero propósito.

Sobre esto, añadiré que a menudo las metas que nos marcamos consumen mucha energía y nos desvían de nuestro verdadero objetivo: *desvelar nuestra habilidad oculta*. Esta tiene que ver con una *necesidad oculta no satisfecha*, pero muy importante para nuestro desarrollo.

Para apoyar esta afirmación se me ocurren cientos de ejemplos de personas que conectaron con su habilidad oculta escondida tras su necesidad oculta, pero utilizaré uno que conocí personalmente. Una vez me entrevistó un conocido locutor de radio que después de escuchar esta idea me confesó que de niño era tartamudo y que su tío, párroco de una iglesia, le puso a llamar por teléfono todas las tardes a sus parroquianos. De la parálisis surgió su verdadera necesidad, comunicarse. Y se esforzó más allá de todo límite en su faceta de comunicador el resto de su vida.

Sentirte seguro

Probablemente, has visto en más de un libro la pirámide de Maslow que muestra las necesidades humanas en orden de prioridad.

Todos tenemos que cubrir nuestras necesidades básicas en primer lugar; luego sentirnos seguros, ser autónomos, relacionarnos, disfrutar, prosperar, desarrollarnos, tener un propósito y, por último, desarrollar cierta conexión con algo más grande que nosotros.

Visto lo anterior, en este capítulo nos centraremos en la supervivencia y la seguridad.

¿Qué sientes que te hace falta para sentirte seguro?

Esta pregunta tiene mucha más profundidad y recorrido de lo que parece a primera vista. Y estoy seguro de que tu respuesta a esta pregunta va a ir evolucionando con la lectura de esta obra.

Así que, antes de decidir metas más sofisticadas, asegúrate de que tus necesidades básicas están cubiertas. Para eso, no dejes de preguntarte y de «sentir las respuestas». Para que salgan desde el centro de tu pecho, puede serte útil empezar cada respuesta así:

Siento que...

El miedo: herramienta básica de supervivencia

¿Es el miedo el motor de la existencia? Sin duda, sin miedo no estaríamos vivos y miles de peligros nos habrían llevado a la extinción.

En la naturaleza, vemos cómo los seres vivos han evolucionado con un objetivo claro: *sobrevivir*. La gacela tiene un cuerpo veloz y ágil para escapar de los depredadores. El león tiene músculos potentes para abatir a sus presas y defenderse de otros rivales. La motivación en ambos casos es la misma: vivir.

Todos los animales, incluido el ser humano, desarrollan recursos por miedo a no sobrevivir.

Lo primero que aprendemos de bebés es a llorar para llamar la atención y recibir protección y cuidado.

Luego aprendemos los riesgos que suponen ciertas acciones, sus peligros y las consecuencias. A través de la experiencia, asumimos que los golpes te pueden herir, que si no comes te dolerá la barriga o que alguien más fuerte te puede lastimar, por poner algunos ejemplos.

Por esa misma necesidad fundamental, los países inventan sofisticados sistemas de ataque y defensa a la vanguardia del desarrollo tecnológico, como ocurrió con Internet, que en un principio tenía un uso militar.

De hecho, cada persona desarrolla un complejo sistema mental de defensa. Lo han llamado *ego* y popularmente se ha ganado mala fama (menos tú y yo, claro, que no somos como esos plebeyos imperfectos de por ahí ;-).

Tu ego te recuerda continuamente los peligros de tu entorno y te induce a contrarrestarlos. Por ejemplo, si los padres de un niño se enfadaban porque no paraba quieto, ese niño ha desarrollado el temor al castigo por moverse o hacer demasiado ruido. Puede que, con el tiempo, desarrolle una personalidad enfocada en inmovilizar esos impulsos, ya que ha interiorizado que así evitará represalias.

El espejo de la huida

En este punto, me atrevo a lanzarte una idea controvertida:

Dime de qué huyes y te diré quién eres.

Lo lógico sería que la estructura de tu ego te impida ver eso de lo que huyes. A continuación, te doy algunas pistas para que puedas identificarlo. La huida se muestra muchas veces como...

- situaciones que evitas por sistema,
- cosas que te enfadan o te ponen nervioso,
- reacciones que muestran un rasgo marcado de tu personalidad que se ha construido como defensa.

Siguiendo con el ejemplo del niño que se mueve demasiado (bajo la perspectiva de esos padres), este acaba desarrollando una personalidad contenida y estática. Huye del castigo o rechazo. Quiere agradar a sus padres (que son su fuente de supervivencia y seguridad) y busca aprobación no haciéndose notar.

Si, años más tarde, ese adulto es retraído, sedentario y expresa su malestar, y un amigo le dice: «Oye, ¿por qué no te mueves más? Sal de casa, haz deporte», lo más probable es que esa persona le responda: «Sí, lo intento, pero no lo consigo...».

Su necesidad de «sobrevivir», reforzada a lo largo del tiempo, se ha identificado tanto con no moverse que ya ni es consciente de dónde viene. En síntesis, nuestras necesidades infantiles son las mismas que las de adultos, marcan nuestro sentido de «supervivencia y seguridad».

Por supuesto, somos seres cambiantes, pero los psicólogos insisten en la importancia de los primeros años de vida. La buena noticia es que *puedes averiguar el origen de tu miedo*, lo cual es ya una puerta al cambio y la liberación.

En lo cotidiano, los miedos infantiles se expresan en forma de dudas, ansiedad, necesidad de control, falta de compromiso, etcétera. Es diferente para cada persona y, si somos capaces de identificar el nuestro, descubriremos que esconde algo valioso para nuestro crecimiento.

VIAJE AL ORIGEN DEL TEMOR

1. Piensa en una situación del pasado, quizá de cuando eras niño, en la que te hicieron sentir que valías poco, te sentiste despreciado o bien insuficiente.
2. Cierra los ojos y deja que venga lo que sea. No juzgues la situación que has elegido. Céntrate en tus sensaciones o emociones, más que en buscar razones.
3. Anótalas, describiendo la situación y la emoción asociada. Te será útil para comprender mejor tu miedo y entender su mensaje.

A mí, por ejemplo, me hiere que me recriminen mi conducta, aunque tengan razón. Siento que ponen en tela de juicio mi valía como persona, más allá del hecho en sí mismo. Sin duda, es una reacción infantil activada por un recuerdo y reforzada con los años.

Johann Wolfgang von Goethe afirmaba que «*ningún hombre puede escapar de sí mismo*», y yo añadiría: *no podemos escapar de nuestra historia, pero sí utilizarla para encontrar respuestas valiosas.*

Siempre creí que mi máxima aspiración era la libertad. Me horrorizaba la idea de trabajar en una oficina. Por eso me concentré en ser emprendedor, para poder vivir a mi manera, sin comprometerme demasiado. Tampoco quería propiedades ni hijos.

Con el tiempo me di cuenta de que me faltaba algo. A pesar de ser fiel a mis principios, tenía la sensación de estar incompleto.

Tuve que saludar a la muerte para darme cuenta de que, por algún motivo que se me escapaba, no me sentía merecedor de una vida completa. Puede que esa herida se formase en un momento oculto de mi historia, pero seguía operando dentro de mí.

En mi opinión, no hace falta averiguar dónde se formó la herida (aunque puede ser muy revelador); lo esencial es entender su influencia en tu vida hoy. Con sentirla puede ser suficiente, ya que, según mi experiencia, desde ahí se puede trabajar.

La herramienta de supervivencia que es el ego tiene un funcionamiento muy complejo. Solo podemos aspirar a entender parte de sus procesos y, como mucho, domesticarla un poco (menos tú y yo, que con una cervecita en una terraza nos quedamos a gusto).

Se trata de proteger lo más importante

Protegernos a nosotros y a los nuestros es una prioridad básica. Y, por fortuna, hemos nacido en zonas del mundo más o menos seguras. Las dificultades llegan por otros flancos.

Nuestra vida actual está sobrecargada de estímulos, información, cambios y nuevas posibilidades... Sin duda, hay numerosas oportunidades, pero para aprovecharlas hay que saberse mover por un ambiente muy complejo, volátil e incierto.

Nuestra mente percibe todos esos factores como amenazas, ya que no los puede controlar. Desde ese miedo, analiza, construye teorías, adopta posturas, se defiende.

Lo paradójico es que nuestro ego está tan estimulado que se siente como el protagonista de una serie policíaca. Se le ocurren mil teorías de la conspiración y necesita siempre encontrar culpables. La mayoría del tiempo los encuentra fuera, aunque en otras ocasiones te echa la culpa a ti de todo.

Ahí es donde se libera el personajillo desagradable que ha creado tu ego. Como ya te he dicho, lo llamo el «gemelo feo» y hablaremos de él con más profundidad en posteriores capítulos.

Este Pepito Grillo que es una réplica oscura de ti mismo se expresa con frases como:

> *«Si es que no te enteras».*
> *«Tendrías que haber hecho...».*
> *«Te lo mereces por idiota».*
> *«El mundo es un peligro».*

Lo más chocante es que te habla así para «protegerte», pero, si no lo filtras, el gemelo feo se acaba convirtiendo en una amenaza para ti, por su insistencia y por lo exagerado que es.

Por lo tanto, proteger lo más importante de nuestra vida implica, asimismo, aprender a manejar a nuestro gemelo feo. Solo así podremos distinguir cuando una amenaza es real o imaginaria.

Se ha calculado que el 80 % de los problemas y peligros que tememos nunca ocurren, y que en un 10 % de los restantes no está en nuestra mano influir sobre ellos.

Nos queda, por lo tanto, un 10 % del que ocuparnos. La filosofía estoica nos recomienda dedicar toda nuestra energía a esa parte, por pequeña que sea, que depende de nosotros. El resto, lo que está fuera de nuestro control, no merece nuestra atención.

Aparte de los miedos cotidianos relacionados con el sustento, la soledad o la salud, la población también se preocupa por las guerras, las futuras pandemias, los vaivenes de la economía, el terrorismo, la inmigración, los desastres medioambientales...

Son factores que están fuera de nuestra capacidad de acción, y sin embargo ocupan mucho espacio mental. Si, además, enfocamos esa energía al exterior, siempre vendrá alguien a vendernos una solución.

Para manejar las amenazas que nos atemorizan, por lo tanto, nuestra primera misión es averiguar qué está en nuestra mano y es importante proteger, dejando de lado todo lo demás.

Como decía el teólogo Reinhold Niebuhr en su hoy célebre *Plegaria de la Serenidad*:

Señor, concédeme serenidad
para aceptar todo aquello que no puedo cambiar,
fortaleza para cambiar lo que soy capaz de cambiar
y sabiduría para entender la diferencia.

Afirma Álex Rovira que «algunas de nuestras preocupaciones son auténticos artículos de lujo», y ciertamente tenemos muchas de estas, como cuando nos sale una cana nueva o nos vemos viejos en el espejo.

Volviendo a las verdaderas amenazas, en mi caso ese tropiezo con el destino me obligó a tomar contacto con el verdadero Álvaro. Las decisiones que tomaría eran de vida o muerte. Y para afrontarlas ahí estaba mi yo vulnerable, pero también el fuerte.

Suena contradictorio, ¿no? Sobre esa paradoja versa todo este libro.

¿No te pasa a veces que, cuando las cosas van mal, justo cuando más te necesitas, no te encuentras? Y eso sucede porque, cuando más necesitarías tu propio apoyo y compañía, huyes en estampida.

¿Llamarías «amigo» a alguien que hace eso?

Una de mis misiones en estas páginas es ver cómo puedes acompañarte en la dificultad.

TU LABORATORIO DE PROBLEMAS Y DIFICULTADES

1. Describe las dificultades y problemas que quieres superar en este momento de tu vida.
2. Divídelos entre los que está en tu mano resolver y los que no.
3. Dentro del primer grupo, ¿qué te está frenando para resolverlos?
4. Haz un plan de acción y empieza de inmediato con el más prioritario.

Somos monos insatisfechos

Quiero introducir una idea que tal vez te resulte controvertida o incluso te repela. En ese caso, con mucho más motivo deberías seguir leyendo. Lo que nos perturba suele encerrar una importante enseñanza. De hecho, acostumbra a ser un regalo para nuestra vida.

Los humanos hemos evolucionado por pura insatisfacción. No nos conformamos con nuestro *status quo* ni con nuestra condición de homínidos. Por eso nos saltamos el orden natural, así por el morro. Teníamos miedo a seguir como estábamos.

La verdad es que somos complicaditos los monos parlantes, siempre buscando un nuevo lío, pero bueno, es lo que hay.

En realidad, todas las especies han evolucionado a partir de una versión anterior. Recuerda eso que nos explicaban en el colegio del pez que sale del mar, desarrolla patas y se convierte en reptil, y así sucesivamente.

Se supone que somos los únicos seres de este planeta que hemos desarrollado consciencia. Somos capaces de reflexionar sobre nuestra existencia (aunque algunos no se fían y se hacen *selfies* continuamente para asegurarse) y sobre el tiempo que nos queda.

Estamos diseñados para vivir con insatisfacción y buscar incesantemente nuevas oportunidades. Eso es lo que nos define. La insatisfacción es lo que ha generado nuestra consciencia, así que están vinculadas.

Asumido esto, cada vez que te canses de algo, cuando no cumplas con lo que te propones, cada vez que te distraigas y no encuentres sentido a todo este circo que es nuestra vida, no quiero que vuelvas a regañarte o a sentirte culpable.

No le hagas caso a tu gemelo feo, a quien le encanta el drama.

Eres un humano perfecto. Mereces cariño y paciencia para seguir con el propósito para el que estás diseñado: ser un insatisfecho. Así que tampoco vas a satisfacer todo lo que te propongas, ¿no?

Te lanzo una pregunta para que reflexiones sobre ella. Sería bueno que cerraras los ojos después de leerla y pensaras en situaciones concretas:

*¿Por qué te sientes mal cuando no cumples
con lo que te habías propuesto?*

La culpa es algo interesante de analizar.

Si aún no has cambiado, sintiendo que deberías hacerlo, es porque hay un beneficio en tu situación actual y ves un peligro en la nueva.

Estamos diseñados para saltar de una cosa a otra y buscar oportunidades, pero también para evitar peligros en la medida de lo posible.

Conservar lo que tengo es también una estrategia inteligente. Cambiar puede ser arriesgado… ¿Qué hay ahí para mí? ¿Qué puedo perder si doy el paso? Tienes derecho a gritar:

¡No voy a cambiar porque no me da la gana!

El poder lo tienes tú, no las expectativas. Eres un humano inteligente y vas a asomarte para mirar a la cara a ese peligro.

De eso va este manual, de afrontar el miedo y charlar con él.

Tu guía insatisfecho

En esta misión, yo seré tu guía de carne y hueso. Te cuento que, en el pasado, yo siempre andaba fantaseando con situaciones y personas ideales. Por eso vivía en un sitio diferente cada tres años más o menos, pensando que allí todo sería mejor, lleno de proyectos apasionantes y con una nueva y fascinante compañera.

Me lanzaba a ello con intensidad, pero, pasado un tiempo, volvía a la casilla de salida con el rabo entre las piernas, después de una gran desilusión con ella, con el mundo, conmigo.

La intensidad pasa, la vida sigue.

Quién mejor que yo, que vivía en puras expectativas, para decirte que ya ha llegado el momento de conocer a la persona que siempre estará a tu lado, tu mejor amigo. Alguien que, si le sabes tratar, no te mareará con exigencias, que te aceptará como eres con paciencia y diálogo infinito.

Yo ya conozco a mi leal compañero, pues nos encontramos por accidente y ahora somos inseparables. Más adelante te contaré el momento exacto en el que nos conocimos.

He empezado diciendo que los humanos evolucionamos por insatisfacción, y luego te digo que no te arriesgues aún y dejes tus expectativas descansar un ratito... Es contradictorio, ¿verdad?

No tanto. Este capítulo va del origen del miedo y de por qué es importante conocerlo. Porque una cosa es saber de dónde procede, así como comprender la insatisfacción que nos va a acompañar siempre (que implica búsqueda, mejora, evolución, etc.), y otra cosa es vivir en el momento actual, muchísimo más complejo que el entorno de los primeros homínidos.

¿No te sientes agobiado con esta vida moderna y la cantidad de cosas que se supone que tenemos que hacer?

Considero que deberíamos limitar esas exigencias si no queremos morir ahogados con tantas expectativas. Si no ponemos un límite, corremos el riesgo de abandonar por saturación.

¿Por qué no agradecer lo que ya tenemos, en lugar de perseguir siempre nuevas metas?

En la época en la que sucedió el accidente, yo lo tenía todo. Dos negocios muy rentables, una novia preciosa, una casa con piscina, amigos... Me metía en el mar para hacer surf todo lo que quería y, aun así, sentía que me faltaba algo.

Entiéndeme, sabía la suerte que tenía, disfrutaba mucho, pero al mismo tiempo estaba mi gemelo feo siempre comiéndome la oreja:

«Hombre, esas olas que tú bajas podrían
ser más grandes;
aumentando el riesgo, te divertirías más».
«Tu negocio va bien, pero podrías
estar ganando el doble,
si te arriesgases a...».
«Tu novia es genial, pero le falta...».

¿Entiendes a lo que me refiero? Me había creído todo ese discurso centrado en las expectativas exteriores, en la exigencia infinita, sin paciencia y compasión por mí mismo.

Buscando la ola perfecta

He vivido varios momentos de mi existencia entre Madrid, Canarias y Barcelona. En uno de mis periodos en Fuerteventura, mi paraíso junto al mar, disfrutaba de las olas y de mucho espacio abierto que colmaban mi necesidad de libertad.

Antes del accidente que cambiaría mi vida, sentía una pequeña melancolía, como si echase de menos a alguien. He bautizado a este periodo «buscando la ola perfecta». Esta es una obsesión que tenemos los locos del surf: llegar en el momento adecuado a un lugar donde las condiciones de marea, oleaje y viento sean increíbles. Los surfistas solemos hacer una broma: si en la playa se te ofreciera la mujer más excitante del planeta, al tiempo que está rompiendo una ola perfecta... ¿Qué harías?

Siempre respondemos igual: ¡al agua!

Somos unos enfermos de esa excitación líquida. Cada ola es irrepetible, única, no sucede dos veces en una vida, esa no...

Más vale ola delante que sirena errante. Aunque también tienes la opción de hacerte el ahogado a ver si la mujer más excitante del planeta se mete al agua a rescatarte. Si lo hace, ¡quédate con ella! (o con él, o con elle o como lo quieras llamar, eh, todo bien ;-).

Esa misma búsqueda de la ola perfecta me ha llevado a buscar respuestas en la psicología transpersonal, la Gestalt y el *coaching*. Luego te lo cuento.

Conocer para aceptar, aceptar para transformar

El buen observador no lucha con lo que contempla, no juzga; si lo hiciese, lo cambiaría y, por lo tanto, el conocimiento sería erróneo.

En la película *Lawrence de Arabia*, uno de los jefes árabes aliados le dice al protagonista que él, como inglés, sueña con la libertad de los espacios abiertos, con el desierto. En cambio, los árabes sueñan con verdes praderas.

Todos nos empeñamos en poner el foco en lo que falta ahí fuera, en lugar de aceptar lo que llevamos dentro. Es algo tan inútil como escupir al sol y esperar que se apague.

La parte positiva de esa insatisfacción es que ha sido el motor de la humanidad para avanzar hacia lo que llamamos «evolución». El extremo contrario, aferrarnos a la zona de confort, puede ser nuevamente peligroso.

El ser humano moldea su entorno para crear más comodidad y suprimir los riesgos externos, sin darse cuenta de que un ansia excesiva de seguridad nos conducirá a una extinción casi segura.

Es como aspirar a la ola perfecta: la búsqueda no termina nunca; en algún momento hay que parar y aceptar que la ola que estás surfeando hoy es perfecta tal cual es. Eso te dará la oportunidad de prestar atención a tus movimientos en esa ola imperfecta, pero perfectamente normal, como la vida misma.

El surf como metáfora de la vida

Para mí, las dos emociones básicas de las cuales emanan las demás son el amor y el miedo.

El amor nos hace más receptivos a la vida. Es una energía vibratoria que se mide en frecuencias altas y rápidas. El miedo nos recuerda los peligros. Es una energía de frecuencia vibratoria baja y densa.

Explicado esto, tengo otra paradoja del surf para ti:

¿Cuándo crees que te sientes más vivo,
cuando vas encima de la tabla disfrutando de una ola
o cuando esa ola te ha caído encima,
te revuelca bajo el agua
hasta llevarte al límite y, tras mucha lucha,
consigues sacar la cabeza y dar una bocanada de aire?

Lo normal es que pienses que la primera situación es divertida y la otra agobiante. La fuerza de una ola es tan potente que puede mantenerte bajo el agua más de lo que desearías, lo suficiente como para que el riesgo de ahogarse esté presente.

El surf, como la vida, nos da una de cal y otra de arena.

Puedes disfrutar muchísimo una ola tras otra y eso es maravilloso. Pero cuando te tumba y sacas la cabeza tras un mal rato bajo el agua, ese gesto tan simple y cotidiano que es respirar se convierte en vital, una inmensa alegría.

El oxígeno te satisface como nunca hubieses imaginado.

En el surf continuamente juegas con el miedo, es parte de la emoción. Y que conste que no sugiero que haya que ponerse en peligro de muerte para pasarlo bien, pero es que la vida es cuestión de respirar o estar muerto.

Por consiguiente, hasta que llegue el final, es bueno valorar cada respiración. Respirar y ser consciente de ello. Te recuerda que estás vivo.

Además de respirar, el ser humano es gregario y, para sobrevivir, necesita a los demás. Eso activa mecanismos para gustar, ser aceptado y reconocido, encajar en el grupo para «no morir de hambre en soledad», es decir, para no «ser rechazado por el clan».

Eso lo llevamos de fábrica, pero para ser auténtico, más allá de la aceptación de los demás, necesitas aceptarte a ti mismo. Solo así tendrás algo que ofrecer a los otros.

¿Por dónde íbamos?

¡Ah, sí! Voy a retomar mi aventura de dominguero, cuando, colgado de aquel acantilado, tuve que afrontar uno de mis tres grandes miedos: *las alturas*.

Para mí ese miedo era equiparable al de *hablar en público*. ¡Qué mal lo he pasado siempre! Pero no me lo notarías, ya que me pongo muy serio.

Mi tercer gran temor es al vacío, a pensar que *mi vida no tiene valor o sentido*.

Antes de quedar colgando en el abismo, yo era alguien que llevaba una vida afortunada, pero que muchas mañanas se levantaba pensando: «*¿Para qué hago todo esto? ¿Qué sentido tiene?*».

En este punto, creo interesante contar qué me llevó a vivir a La Roca, como los de aquí llamamos a Fuerteventura.

Una mañana sonó mi móvil y mi amigo Matías me ofreció venir a Canarias a desarrollar un *software* de gestión de reservas hoteleras.

Mi reacción lógica fue: ¿una empresa de *e-commerce* en Fuerteventura? Allí solo hay volcanes, desierto, playas… No tenía mucho sentido, pero como mi vida en aquel entonces tampoco lo tenía, decidí embarcarme en la aventura.

El riesgo era evidente. No solo suponía dejar Madrid y cambiar de vida radicalmente, sino también invertir todo mi tiempo y ahorros en un proyecto sin garantías.

Le dimos mil vueltas al sistema. Invertimos todo lo que teníamos. Yo viajé mucho en una furgoneta visitando hoteles. Y, tras dos años de trabajo, ¡lo conseguimos! Las cosas iban muy bien. Tenía nuevos amigos, nueva pareja, un negocio que funcionaba de maravilla y mucho surf.

¿Qué más podía pedir?

No lo sabía, pero como ya he comentado, no estaba del todo satisfecho.

Hasta que aquella mañana de septiembre, siguiendo un impulso extraño, giré el volante por ese camino, decidido a explorar las dunas del sur de la isla.

El momento crucial

Imagínate agarrado con los dedos al borde de un acantilado, con el cuerpo suspendido en el vacío.

Pánico.

Yo no podía ver lo que había allí abajo, pero intuía que, si me movía lo más mínimo, me precipitaría al vacío desde lo alto de aquel acantilado y mi cuerpo se rompería contra las rocas.

A 12 metros de altura, caer de espaldas significaba lo peor, así que había que decidir; tuve que elegir mi caída.

El terror ante esa caída inminente había dejado mis músculos como si fueran mantequilla. Con todo, entendí que mi vida dependía de empujarme fuerte contra la pared del acantilado y caer lo más lejos posible de las rocas, hacia el mar.

Extrañamente, me relajé tras este pensamiento y escuché el batir de las olas allí abajo.

El surf te enseña que las olas siempre vienen agrupadas en series, y el periodo entre ellas es muy similar. Así que conté 1, 2, 3, 4… hasta 11, que era cuando rompía la ola.

Mi plan era lanzarme al llegar a 10, caer 1 segundo y confiar en la suerte de encontrar una ola que amortiguase mi caída para no romperme en mil pedazos.

Recuerdo como si fuera ahora el impacto y el caos a mi alrededor.

Estaba bajo el agua.

Me estrellé contra una roca sumergida y me rompí la cadera y la pelvis por tres sitios, también la mano derecha. El milagro es que mi cabeza rozó otra roca, que de haber impactado con ella de pleno, habría sido mi sentencia de muerte.

Dejo el relato aquí por ahora. Más adelante veremos qué sucedió después.

Solo añadiré que, cada vez que evoco ese momento, revivo el dolor extremo, el miedo y la desesperación. Ya sabes que el inconsciente almacena la información en el cuerpo, esa energía se acumula y actúa desde un plano invisible para la mente consciente.

Hoy en día, me dedico a hablar en público del sentido de la vida gracias a que afronté una gran caída y luego tuve que sobrevivir. ¿No es una paradoja total? Casi magia, diría yo. Mis tres mayores miedos se han agrupado para concederme una nueva oportunidad.

Y de esto va este libro: de la oportunidad tras la dificultad. Aquello que es percibido como un peligro tiene el potencial de conectarte con tu poder. Lo irás descubriendo en los capítulos que siguen.

UN POCO DE SÍNTESIS

- De todos nuestros deseos y necesidades, el más importante es el de sentirnos seguros.
- El miedo al rechazo es uno de los temores primordiales del ser humano. Para ser aceptado, se puede llegar muy lejos, hasta el punto de dejar de ser uno mismo.
- Nuestro gemelo feo quiere protegernos, pero que hay que cribar y relativizar la información que nos da.
- La satisfacción tiene una fórmula: *expectativa — experiencia real = grado de satisfacción*. Si tus expectativas son demasiado altas y la experiencia luego no lo es tanto, te sentirás frustrado.
- Para vivir mejor, hay que limitar los deseos, resumir la lista y vigilar que se trate de cosas que de verdad merece la pena proteger.
- Las grandes dificultades desentrañan poderes que han permanecido ocultos.

2. Miedo movilizador vs miedo paralizador

Cuando el obstáculo es el camino

Decía Epicteto, el gran filósofo del estoicismo que había sido esclavo en Roma: «No dejes que la fuerza de una primera impresión te hunda, solo dile: espera un momento, déjame ver qué es lo que representas. Deja que te ponga a prueba».

Elijo esta cita para empezar porque los obstáculos que encontramos en la vida son grandes generadores de estrés, ansiedad y tensión. Para abordar esta cuestión, te voy a pedir que apliques la objetividad.

La frase «ha pasado algo y es malo» se compone de dos impresiones. «Ha pasado algo» es objetivo. «Es malo» es subjetivo.

Hay una piedra en el camino y eso no se puede negar. Si te chocas con ella, seguro que no te gusta nada. Los samuráis de sofá te dirán que los problemas son oportunidades para entrenar. Los extremistas optimistas, que unas veces ganas y otras aprendes.

En todo caso, no puedes hacer nada con la maldita piedra. Está ahí y ya sabes la afición que tenemos los humanos a tropezar con ellas las veces que haga falta hasta encontrar a alguien a quien tirársela.

El miedo o la «subjetividad negativa», como me gusta llamarla, aparece por la falta de aceptación de la realidad.

Me puedo enfadar por que las autoridades no hayan retirado la piedra del camino, puedo achacarlo a la mala suerte, me puedo ofuscar, desesperarme por la pérdida de tiempo que va a comportar, etcétera. Sin embargo, *mi enfado no va a sacar la piedra del camino, solo mis acciones.*

Ser objetivo significa eliminarte a ti, la parte subjetiva, de la ecuación.

Diferenciar entre amenaza (algo externo a ti y fuera de tu control, objetivo y que percibes como un problema) y dificultad (algo interno, subjetivo, que está en tu mano manejar y mejorar).

¿CUÁL ES TU PIEDRA EN EL CAMINO?

1. Responde diferenciando entre lo que percibes como una amenaza y lo que es una dificultad.
2. ¿Qué puedes hacer respecto a la amenaza?
3. ¿Y qué oportunidad te procura esa dificultad, para mejorar?

Por ejemplo, al principio, cuando yo tenía que hablar en un escenario frente a desconocidos, pasaba muchos nervios. Me sentía observado, no me concentraba en comunicar y sentía que malgastaba mi energía en manejar mis nervios. Al poner el foco en mí, me afectaba porque pensaba que me juzgaban.

A todos nos importa lo que opinen los demás de nosotros, así que hablar en público puede ser percibido como una amenaza.

Te confieso que pocas cosas me han hecho sudar más y poner en tensión que subirme a un escenario, lo que no deja de ser curioso en un conferenciante.

En el pasado probé de todo, como el viejo truco de imaginar al público desnudo o en el retrete, pero no funcionaba.

Lo que me sirvió, el verdadero remedio, fue trasladar toda la importancia de mí, al mensaje, a las ideas. Utilizar mi miedo escénico para enchufar esa energía emocional para, a su vez, mover las emociones del público.

He dejado de luchar con mis nervios. Los dejo estar para volcar toda esa energía en la acción; el miedo es energía que se puede transformar y utilizar. Me digo: voy a ponerle intención y pasión, y si sudo, sudo, pero el público va a vibrar.

Así se va deshaciendo el pánico y baja hasta convertirse en tensión constructiva.

Si valoras tu proceso, las oportunidades que te das en cualquier cosa que hagas, el miedo se convierte en energía creativa.

La piedra sigue estando ahí, no la puedes negar, pero ha dejado de ser un muro. Ahora forma parte del paisaje, una variable más a tener en cuenta. Solo entiende que esa amenaza conlleva una oportunidad. La de transformar tu dificultad en una fortaleza a través de la acción consciente.

La perspectiva lo es todo

El actor George Clooney cuenta que se pasó un año haciendo *castings* en Hollywood y siempre era rechazado. «La tiranía de ser elegido», así llaman a ese miedo. Su suerte cambió el día en que se dio cuenta de que el problema lo tenían los productores, gastando dinero y siempre ansiosos por encontrar a alguien para ese papel. Al tomar conciencia de ello, se relajó y las cosas empezaron a marchar mejor.

Cuando preparas bien tu propuesta, tú eres quien ayudas, la presión la tienen ellos.

Los maestros del ligoteo cuentan (esto no lo ha dicho George, él ya está en la liga del Olimpo) que, cuando ves a alguien sexi, el bloqueo mental surge cuando interpretas que es inalcanzable.

Si te acercas entendiendo su situación (es esa persona la que tiene unas expectativas tan altas que son difíciles de satisfacer, en algún momento tendrá que ceder o frustrarse esperando, tú no pierdes nada), lo harás desde la serenidad y tu energía será de confianza. Una oreja amiga, un par de copas y quién sabe...

Bendito puñetazo

La esencia del boxeo versa sobre lo doloroso que es recibir un puñetazo y la virtud de saber encajarlo. Además de mantenerte en pie sin besar la lona, hay mensajes que llegan con el golpe.

Tu guardia estaba baja, ¡atención!

Estar preparado y saber encajar los golpes con humildad es la sabiduría que necesitas para entrenarte en «el deporte de vivir».

Muhammad Ali se entrenaba para recibir y esquivar más que para golpear. Siguiendo con púgiles célebres, el boxeador «Huracán» Carter tuvo que encajar el golpe de su vida cuando, en mitad de su exitosa carrera profesional en los años sesenta, fue encarcelado a cadena perpetua, acusado de triple homicidio.

Al entrar en prisión les dijo a los guardias: «Sé que no tienen nada que ver con la injusticia que me ha traído a esta cárcel. Les informo de que estoy dispuesto a quedarme hasta que salga de aquí. Pero bajo ninguna circunstancia voy a ser tratado como un prisionero, porque nunca entregaré mi poder».

Dedicó diecinueve años a estudiar Derecho hasta que pudo demostrar su inocencia en un tribunal federal. Al salir de prisión, no exigió una compensación económica, ni siquiera pidió que el tribunal se disculpara, porque eso implicaría que le habrían quitado algo que Carter sentía que le debían, y no era así.

Convertir la adversidad en un trampolín es todo un arte.

Malcom X, Mandela y Ghandi comprendieron que luchaban contra fuerzas mucho más poderosas que ellos, así que cambiaron sus creencias y, por lo tanto, las reglas del juego. Estando en una desventaja abrumadora, creyeron en lo imposible y salieron adelante. Encajaron golpes, pero modificaron la lucha hacia un terreno que les beneficiaría.

Recuerda: si te duele, es que es importante para ti en ese momento. Eso sí, puedes elegir seguir recibiendo golpes o aprender a esquivarlos. El mundo no va a cambiar, va a seguir golpeando, lo que sí puede cambiar es tu percepción del mundo y, por lo tanto, las reglas del juego. Los golpes son señales para que te muevas, son la energía que te moviliza hacia un terreno más favorable.

En todo caso, los cambios nos molestan y por eso reaccionamos.

Recuerdo que esta fue la secuencia de mis pensamientos cuando estaba allí colgado en el acantilado:

Negación: *Esto no está pasando.*
Enfado: *Pero ¿qué haces aquí, idiota?*
Pánico: *¡Me voy a matar!*
Evaluación: *Vale, ¿qué puedo hacer?*

Creo que ese es el proceso que enfrentamos ante cualquier cambio. Sin duda, el problema sería quedarse atrapado en alguna de las tres primeras fases. Analiza tus reacciones para entender si estás resistiéndote al cambio o fluyendo y adaptando tu conducta.

¿Qué hubiese hecho Marcus?

Si algo hay cierto en la vida de los humanos es que no sabemos nada. En mi opinión, la ciencia de hoy será la superstición de mañana. Sin embargo, también es cierto que necesitamos decidir y manejarnos en este mundo, así que *dudar y decidir es lo único que tenemos.*

Y, en estos procesos, lo que nunca faltará es el miedo. Pero eso no es una mala noticia, ya que *si algo te da miedo es que te importa.* De otro modo, pasarías de largo sin prestarle atención.

El miedo no es temblar en un rincón, sino que adopta muchas otras formas, como negar lo que sabes que es cierto, cuando «tiras de carácter», controlas, te escondes, atacas, te defiendes, te inquietas… El miedo tiene muchos disfraces.

Marco Aurelio decía que «El impedimento a la acción avanza la acción. Lo que se interpone en el camino se convierte en el camino».

Con esta sentencia, el emperador estoico resalta el poder que tienen sobre nosotros los problemas que vamos encontrando en el camino, ya que provocan nuestras acciones y definen nuestra actitud ante ellos.

En la lucha se manifiesta la actitud, el equilibrio, la acción y la disciplina.

Sun Tzu, el gran estratega que escribió hace más de dos milenios *El arte de la guerra*, recomendaba «elegir tus batallas». Es una buena advertencia, ya que, enzarzados en mil proyectos y conflictos, a veces nos desgastamos con temas que nos parecen urgentes, pero que quizá no se correspondan con nuestro verdadero camino.

¿Quién decide qué es importante?

Eso es algo que solo puede hacer uno mismo.

Lo inteligente aquí es entender en qué vamos a utilizar nuestra energía limitada pero increíblemente abundante, si el problema en cuestión es vital para nosotros.

Retomando de nuevo mi relato, tras resbalar por la duna y estar colgado del acantilado, me lancé al mar y quedé malherido, pero aún estaba vivo.

Lo que pasó estando en el agua, consciente de mis graves heridas, es que me agarré a una roca, trepé como pude sobre ella y aguanté unas horas así.

El tiempo iba pasando y sabía que allí no podía quedarme. Las olas me podían arrojar contra las rocas y el acantilado, lo cual sería el golpe de gracia. Así que decidí volver al agua para intentar nadar hasta una cala cercana, que yo suponía más segura y cómoda.

Nadar para salir de la zona de acantilados y llegar a una zona más cómoda, con arena, fue una epopeya terrible. Solo tenía un brazo sano y, cada vez que movía las piernas, mis huesos rotos crujían inyectando tanto dolor en mi cuerpo que me desmayaba.

Perdí el conocimiento varias veces, dejándome ir al fondo, pero mi cuerpo emergía de nuevo milagrosamente.

Imagínate la angustia de intentar llegar hasta una playita situada a unos 300 metros de distancia con un cuerpo destrozado que no responde.

Cuando finalmente logré alcanzarla, sobreviví malherido en aquella playa durante dos días, con la vana esperanza de que alguien me viera desde arriba y se iniciara mi rescate. No tardé en comprender que eso no sucedería. Aquella es una región remota, a la que apenas se acerca nadie. La probabilidad de que un caminante solitario llegara hasta allí y descubriera, desde lo alto, mi cuerpo roto en la arena era casi nula.

Contemplando el horizonte, con la muerte acechando, mi obsesión se convirtió en qué hacer para salir de allí. Deshidratado, con hemorragias y mucho dolor, el tiempo jugaba en mi contra.

También estaban los factores climáticos. En mi caso, sobre todo el calor abrasador del día, el frío de la noche y las mareas que asediaban mi posición, empujándome contra las piedras del fondo de la playa.

Lo peor era pensar que, si se levantaba oleaje, me iba a machacar contra las rocas del acantilado y, peor aún, dificultaría la única alternativa que tenía de salir de allí: nadar.

No había otro camino: necesitaba nadar para salvarme. Sin embargo, había que echarle mucho valor, pues la distancia hasta la primera playa habitada era tremenda y mi situación era penosa.

Sin duda, en un momento así uno necesita algo a lo que agarrarse para sacar fuerzas de flaqueza, una visión potente de la vida a la que quieres volver.

Volviendo a Marco Aurelio, si él hubiese estado en mi situación, seguro que le habría echado valor. Se habría metido en el mar para intentar salvarse, aunque eso implicara nadar diez kilómetros con el cuerpo hecho pedazos.

El gran obstáculo es el disparador de la decisión que desencadena los acontecimientos. Esta es la fase 1 del proceso.

¿Para qué intentaría Marco Aurelio algo que parecía a todas luces imposible?

La respuesta es simple: para intentar sobrevivir; para volver a lo que él consideraba como «una vida que merece la pena ser vivida» y, por lo tanto, salvada. Esa es la fase 2 del proceso, el *porqué* y el *para qué* hacemos las cosas.

Cuando encontramos una dificultad importante en el camino, la clave es si estamos dispuestos a hacer cualquier cosa, lo que haga falta, para llegar a casa. La energía, e incluso el ingenio, lo determina el propósito, la motivación que nos lleva hasta allí.

Recordar por qué tu vida merece la pena ser vivida es la mejor de las motivaciones. Conviene hacer este ejercicio.

La fe y los pescadores

Hace unos años, dos hombres salieron a pescar en la costa oeste de México en una barquita de 7 metros de eslora. Una tormenta los arrastró mar adentro, el motor falló y quedaron a merced de las corrientes durante meses por el Pacífico.

La supervivencia se convirtió en una odisea diaria. Uno de los pescadores no pudo sobrellevar las duras condiciones. Además, era muy religioso y pronto se convenció de que era designio divino lo que le ocurriese. Tampoco fue capaz de beber la sangre de peces, tortugas y gaviotas, cuando la lluvia escaseaba, así como comer la carne y las vísceras crudas. Se dejó morir lentamente, según explicaría después su compañero.

El otro sobrevivió contra todo pronóstico en unas condiciones tan extremas, a la deriva, sin control de la embarcación.

José Salvador Alvarenga fue el superviviente de un naufragio que duró 438 días en una barquita mínima a lo largo de casi 10.000 kilómetros. La odisea marinera de deriva más espectacular jamás registrada.

Los psicólogos dijeron que el náufrago era una persona sencilla y sin grandes convicciones. Él mismo relataba que se mantuvo vivo gracias a la imaginación. En sus propias palabras: «Las mejores comidas de toda mi vida han sido esas imaginarias en el mar. El mejor sexo que he tenido en mi vida fue el sexo imaginario.

El obstáculo revela el camino, ya que es la oportunidad de darte cuenta de lo que realmente es importante para ti. Para cambiar, para crear, para mejorar, para volver a tu vida con nuevas respuestas, para superarte.

Cuando te encuentras al filo del abismo, y los hay de muchos tipos, la pregunta clave es:

¿Para qué quieres volver a tu vida?

Un naufragio, sin duda, es una situación que podrías recrear en tu mente para averiguarlo.

En mi propia experiencia como náufrago, esperé dos días hasta decidirme a salir de aquella playa. La mañana del tercero, mi estado era lamentable. Con heridas abiertas pudriéndose al sol, me sentía miserable mientras me apagaba sobre la arena.

Me aterrorizaba morir de esa manera, como un pez fuera del agua, agonizando en una bocanada imposible. En mis conferencias siempre digo que «me mantuvo vivo el miedo a morir y no haber hecho nada para intentar remediarlo».

Me abracé a mí mismo y la única frase que me ofrecí fue esta:

«Pase lo que pase, voy a estar contigo».

Dicho esto, me metí en el mar, sabiendo que me esperaba una natación imposible de unos 10 kilómetros. Tenía solo un brazo sano, el otro entablillado con una red abandonada y una madera que había encontrado. Debido a la triple fractura de cadera y pelvis, las piernas estaban inservibles.

Además, tenía la certeza de que, en una o dos horas, la hipotermia estaba garantizada.

Sabía que era un billete solo de ida, que las probabilidades de lograrlo eran muy escasas, pero había elegido intentar salir de allí por mis propios medios.

Sobrevivir es esperar a que algo pase, conservarte hasta que te rescaten. Pero vivir es decidir, afrontar el reto, asumir los riesgos y «mojarte».

No me prometí que lo iba a conseguir, ni que iba a cambiar mi vida si lo conseguía. No puse condiciones. Solo me ofrecí: «Pase lo que pase, voy a estar contigo». Con este mantra me metí en el agua con la mejor compañía que uno puede tener, la de uno mismo, alguien que va a estar allí pase lo que pase.

Saber que estás acompañado y apoyado incondicionalmente te da fuerzas para hacer lo que sea necesario, lo imposible si hace falta.

Ese es el mejor regalo que me podía haber ofrecido nunca.

Somos animales gregarios, necesitamos a los demás. Hacemos todo por atraer la atención de los otros. Pero no es que nos gusten necesariamente los demás, lo que sucede es que nos aterra estar solos.

No obstante, *hay momentos en la vida en los que tienes que ser el mejor amigo para ti mismo, tu mejor aliado.* ¿Estás dispuesto a ello?

El miedo me sacó de allí. El miedo a no haberlo intentado, a morir solo sin volver a ver a nadie nunca más. El miedo a fallarme a mí mismo.

«Pase lo que pase, estoy a tu lado».

Por miedo a morir sin hacer nada, tuve que volver a meterme en el mar. Por miedo estoy vivo. El miedo me guio hasta el encuentro más importante de mi vida, el día que me encontré a mí mismo. El día que me abracé sin condiciones. El día que hice el mejor pacto de mi vida. ¿No es una paradoja?

Abraza tu miedo, maestro.

Aunque lo que te propongas hacer no sea un asunto de vida o muerte, todo depende del compromiso que adquieras contigo mismo. Si no cumples, no volverás a creer en ti. Y si no crees en ti, será difícil que consigas tus objetivos en el día a día.

Por eso debes alcanzar un acuerdo contigo mismo. Y cumplir ese acuerdo.

¿Qué necesitas proponerte a ti mismo?

Si no encuentras una frase, te recomiendo que utilices este mantra de por vida: «Pase lo que pase, voy a estar contigo, ...» (di tu nombre al final).

El primer paso

Las continuas promesas incumplidas hacen que no confiemos en la persona más importante de nuestra vida. Para remediarlo, puedes empezar comprometiéndote a estar a tu lado.

Mereces vivir tal como eres, no hace falta ser más o mejor, solo acéptate como primer paso. Sé un buen compañero de ti mismo. Ámate sin condiciones, porque de otro modo tu fortaleza se desvanecerá ante el primer obstáculo.

«¿Ves cómo sigues siendo igual?», te dirá tu gemelo feo.

· ·

DESCRIBE A TU GEMELO FEO

1. Para desenmascarar a ese Pepito Grillo que a menudo frena más que ayuda, trata de hacerle un retrato robot.

2. ¿De qué manera te lo imaginas? ¿Cómo es su voz?

3. ¿En qué tono te habla? ¿Puedes captar su cinismo e ironía?

4. Dice que lo hace para protegerte, pero siempre está ahí para recordarte que has fallado y que «ya te lo he advertido». Si te sobrecarga su presencia, de momento

solo dile «ok, ya te he escuchado», pero no reacciones; entonces ganará fuerza.

. . . .

A la hora de establecer tu próximo reto, como vimos en el capítulo anterior, debes diferenciar entre problemas ajenos, propios, inevitables y vitales. Aquello que te prometas debe ser realmente importante para ti, no una imposición del entorno social.

Las redes sociales, la publicidad y las conversaciones banales invitan a concentrarte en las experiencias placenteras, en conseguir y tener, en perseguir modelos de éxito, una serie de imágenes que no están vivas en nosotros. Son espejismos que hemos visto de las vidas de otros.

Nada de eso tiene que ver con tu propia esencia.

En mi experiencia, es complicado encontrar tu camino sin pasar por el valle de las sombras, aunque admito que no tiene por qué ser así.

Al náufrago José Alvarenga le mantuvieron vivos sus deseos más terrenales, como la comida y el sexo. Y apostaría mi dedo meñique a que, cuando volvió a tierra firme, se dio un buen «banquete».

La fe en que los problemas pasarán ayuda a sobrellevar adversidades y templar su importancia, pero debe ir acompañada de la acción. Y esa acción surge de la promesa que te has hecho.

Por eso es vital elegir bien la promesa que te vas a hacer.

Si aspiras a un cambio radical de vida, no seas maximalista con el primer paso. Recuerda el refrán: «Roma no se construyó en un día».

Céntrate en lo que puedes hacer ahora. Solo di: voy a dar este paso, con miedo, y estaré conmigo en todo el proceso. Aquí estoy, pase lo que pase. Me voy a mojar.

Si te «metes en el mar», que sea para renovar la fe en ti mismo.

Las tres respuestas del miedo

El miedo ha modelado cualquier forma de vida, por eso le debemos más que a cualquier teoría sobre la vida. Es el gran motor, la necesidad primera, el origen de todo. El miedo es el mejor maestro que vas a tener, ya que te señala qué es apremiante y qué no lo es.

Ante el miedo, adoptamos tres respuestas posibles:

1. PARALIZACIÓN. No te mueve, te bloquea.
2. DISTRACCIÓN. Evitas afrontarlo haciendo cualquier otra cosa.
3. MOVILIZACIÓN. Se convierte en un reto, en un estímulo de superación.

Mi objetivo con este libro es que conviertas cualquier miedo o incertidumbre en un reto movilizador.

Si el miedo te paraliza, dejas de ser protagonista de tu vida.

Si te distraes para no afrontarlo, te estás anestesiando, lo cual es otra forma de parálisis.

Para estar en el punto 3, que es el que moverá tu vida hasta el próximo nivel, puedes responder a las siguientes preguntas:

¿Qué sucederá si no hago nada
o me distraigo haciendo cosas secundarias?
¿Cuál es el precio a pagar?
¿Qué me perderé?

Calcular las consecuencias en nuestra vida de la parálisis o la distracción, escribiendo las cosas que dejaré de hacer y quién dejaré de ser, puede movilizarnos y llevarnos a cambiar.

Recuerda que tus miedos esconden objetivos. Si los desentrañas, podrás ver lo que dejas de conseguir.

La dictadura de las bacterias

Un amigo mío tenía una empresa de distribución de materiales de limpieza. Su temor a no vender suficiente le mantenía visitando a puerta fría una lista interminable de clientes 12 horas al día.

Cuando le pregunté qué precio pagaba por esa actividad agotadora, me dijo que no le quedaba tiempo para buscar soluciones alternativas de venta. Estaba tan estresado, persiguiendo a los clientes por miedo a que no le comprasen, que no podía pensar, ni disfrutaba del tiempo libre en familia.

Para motivarle a buscar soluciones creativas, le dije a mi amigo que, a la hora de vender, se imaginara a sus interlocutores sucios y malolientes, en un lugar infectado de gérmenes y bacterias.

Sin sus productos de limpieza, estaría todo el mundo condenado a una vida de suciedad e infecciones bacterianas, y las plagas nos destruirían como especie. Por lo tanto, su trabajo era tan valioso para él como para la humanidad entera.

Le dije que él era un cruzado contra la tiranía de esos seres malvados, responsables de matar millones de humanos durante la historia. Ese pensamiento es mucho más poderoso que pensar que eres un simple vendedor necesitado.

Te propongo que hagas lo mismo con el problema que estás afrontando en este momento. Dale épica a la historia. Conviértela en un verdadero propósito que beneficia a los demás. El miedo a no hacer algo útil para la humanidad puede dar sentido a una actividad que en apariencia es poco importante.

Aquí y ahora, otra vez

Decía el filósofo danés Søren Kierkegaard que «La angustia es el vértigo de la libertad». Y tenemos un remedio para aplacar esa angustia que nos martillea con ese eterno «*¿qué pasará?*». Ese remedio es el momento presente.

El pasado estuvo condicionado por los pensamientos sobre el futuro y el futuro está condicionado por tus pensamientos sobre el pasado. O sea, que si me mantengo pendiente de lo que va a pasar, desperdicio el presente y lo convierto en un pasado infructuoso. A la vez, van pasando los días y no construyo un futuro, porque sigo enredado en bucles de pensamiento repetitivos desde hace tiempo.

Sin embargo, en el presente todo es como es, no hay preocupación que incremente el sufrimiento.

Retrocediendo un poco en mi historia, antes de arrojarme al mar, tras varias horas sobre una roca, recuerdo que encontré en la mochila el libro que llevaba paseando semanas, sin encontrar el momento de comenzar a leer.

Se trataba de *El poder del ahora* de Eckhart Tolle.

Después de varias horas incrustado en aquel lugar, recuerdo que abrí la mochila con la mano sana, saqué el libro mojado e intenté leer. Supongo que quería evadirme de lo penoso de mi situación, de las hemorragias y el dolor. La verdad que la lectura no surtió mucho efecto.

Cuando, tras lograr salvarme, mis rescatadores me trajeron la mochila que se había quedado varada entre las rocas, el libro estaba marcado por la página que yo estaba leyendo. El capítulo se llamaba «El cuerpo dolor».

¿No resulta irónico?

En él se explora la idea de cómo el ego y la mente pueden generar un «cuerpo dolor» mediante la identificación excesiva con pensamientos, emociones y recuerdos negativos. Este «cuerpo dolor» no se refiere solo a dolores físicos, sino también a un sufrimiento psicológico y emocional que surge de la resistencia mental al momento presente.

Tolle argumenta que muchas veces el sufrimiento es autoinfligido por la mente, que se aferra al pasado o se preocupa por el futuro. Afirma que liberarse de esta identificación con el dolor implica vivir en el presente, en el «ahora», dejando atrás la narrativa mental que perpetúa el sufrimiento.

Por supuesto que, en aquel momento de tensión y sufrimiento, esta lectura no tuvo ningún efecto en mí. Intentaba leer, pero no lograba concentrarme. Era hasta ridículo.

Recuerdo que usé el libro como sombrero para cubrirme del sol infernal, para eso sí fue útil. Todavía conservo en casa ese libro, abombado por la humedad y con manchas de sangre. En mi convalecencia, tuve un mes en cama para leerlo. Ahí sí que me impresionó muchísimo su mensaje.

He aprendido que cualquier solución a nuestros miedos, dudas e incertidumbre se obtiene en el aquí y ahora.

EJERCICIO PARA CALMAR LA ANSIEDAD

1. Cierra los ojos, respira con calma y observa tu mente.
2. Si aparece una situación que te crea malestar, comprende si está en tu mano solucionarla o no.
3. En caso de que dependa de ti resolverlo, fija una fecha y una acción.
4. Dependa o no de ti, es posible que esta situación despierte emociones en ti. Limítate a observarlas hasta que pierdan su intensidad.
5. Recuerda que tú no eres esa emoción. Es algo que transita por ti para darte un mensaje.
6. Acepta el mensaje y, antes de dejarla marchar, puedes hablarle. Sería algo así como: «Gracias por venir a recordarme que esta situación me angustia. Es obvio, ya me he dado cuenta, y no sé muy bien qué hacer. En todo caso, gracias. Cuando sepa qué hacer, lo haré. Acepto tu mensaje con gratitud. Hasta la próxima». Por supuesto, esto es solo un ejemplo. Dile con tus propias palabras lo que le quieres decir.

UN POCO DE SÍNTESIS

- Un obstáculo deja de producir malestar cuando, si depende de nosotros, lo reconocemos y tomamos acción.
- Cada obstáculo revela lo que verdaderamente es importante para ti. Los miedos esconden objetivos.
- Ante cualquier adversidad, si te quedas atrapado en las tres primeras fases —negación/enfado/pánico—, tendrás un problema. Debes evaluar —¿qué puedo hacer?— y actuar en consecuencia.
- El *porqué* y el *para qué* hacemos las cosas es un gran motivador.
- El propósito basado en apoyarte a ti mismo y también a los demás, te ayudará a encontrar sentido y persistir.
- No hay mejor compañía ni más segura que la de ti mismo.

3. Empecemos por el final

Cómo descubrir y utilizar nuestros recursos ocultos

Todos conocemos prodigios que escapan a la razón. ¿De dónde sale la fuerza de una madre para levantar un coche y liberar a su hijo atrapado? ¿Y la de una persona o una empresa que, partiendo de la nada, es capaz de revolucionar el mundo?

Siguiendo con lo que te hablé en el capítulo anterior, en mi opinión estos «milagros» se producen al conectar con la fuerza movilizadora del miedo.

Miedo a que algo ocurra o a que algo no ocurra.

Y ese temor es tan potente que cuando se enfoca en lo importante, nos puede paralizar o puede aflorar nuestro verdadero poder. El poder de cambiar las cosas, de intervenir como si nada fuese imposible, porque está todo por perder y todo por ganar.

Son momentos de epifanía en los que conectamos con el poder que nos engendró como seres humanos, con el afán de huir del dolor y de los peligros, de crecer y evolucionar.

Sin miedo no hay problema y, por lo tanto, no hay necesidad de cambio.

Identifica lo que más temes que ocurra
y encontrarás el origen de tu verdadero poder creativo.

Teoría del descontrol

Por miedo al descontrol que genera el cambio, el humano genera cambio. Es esa eterna pregunta: ¿qué va a pasar? La que nos incomoda y nos hace querer controlar nuestro entorno, la situación. Para crear más seguridad, los «monos insatisfechos» modificamos nuestro entorno continuamente. Eso que nos engendró nos genera angustia continua, el cambio.

¿No te parece una paradoja?

Nos lo han contado de mil maneras: Eva quería la manzana del conocimiento para tener más control y seguridad sobre el jardín del Edén. Luego se la dio a su compañero y todo se descontroló, hasta el punto de que los expulsaron del paraíso.

Prometeo le dio el fuego (de la sabiduría) a los hombres, que querían tener el poder de los dioses del Olimpo. El fuego es considerado como el elemento de civilización y control que engendró el comienzo de la humanidad. Al pobre Prometeo también le castigaron muy duramente por esa osadía.

Se podría decir que son mitos o metáforas de cómo el humano primitivo insatisfecho con su situación «natural-animal» no se conforma y quiere controlar (saber/ponerse a la altura de los «dioses»).

Yo diría que *el miedo al futuro engendró la necesidad de control.*

Así surge la solución para este «incómodo» dilema.

¿Cómo se neutraliza el *miedo al futuro*? Sabiendo que es *miedo al tiempo*, la única forma que hemos visto en el capítulo anterior de neutralizar ese miedo al tiempo es con «presente».

¿Qué está siempre en el presente? El cuerpo. La mente vive en el futuro o en el pasado.

¿Y cuál es el lenguaje del cuerpo? Las emociones. Una sola emoción lleva asociados muchos pensamientos; la emoción resume.

Este tema lo retomaremos más adelante.

Cambiando de tercio, un dictador canaliza todo su potencial para intentar convencer a los demás del peligro de que algo ocurra. Utiliza su propio miedo para convencer y conectar con el miedo de los demás. Los posiciona hacia el cambio, cueste lo que cueste, porque les hace imaginar y sentir lo que pasará si no hacen algo radical inmediatamente.

Seguro que se te ocurren muchos ejemplos de este último perfil.

Desde el espectro positivo, un visionario hace lo mismo. Describe una realidad que ilusiona a los demás y les moviliza hacia el cambio. Esa visión es una huida de su realidad o bien la mejora.

Ambos quieren controlar lo que ocurrirá y temen que ocurra otra cosa a la que desean.

Incluso el explorador que se lanza a lo desconocido quiere descubrir algo nuevo. Si no esperase que en su viaje «ocurrieran cosas», no saldría de su pueblo para llegar a un pueblo similar. En este caso, su temor es a que todo sea igual, que nada cambie.

Imagínate a un artista o a un escritor que recreara la misma obra que ya existe una y otra vez; sería un mero copiador. Su mayor temor sería no tener acceso a su propia fuente de creatividad.

Si no existe un temor a que algo indeseable ocurra, no hay movimiento.

Es fácil que oigamos a gente decir: «Decidí emprender porque estaba cansado de tener jefe». «Me enamoré de aquella persona porque ya no estaba a gusto solo y me hizo sentir especial». «Inventé aquel sistema porque necesitaba mejorar las cosas tal como se hacían antes».

La esperanza de progreso, hacia una situación deseada, es lo que mueve a la humanidad.

La pescadilla ya no se muerde la cola

Siempre ha habido hombres sabios, con sotana y sin ella, que han ofrecido un elixir contra el miedo a no existir: la fe en la vida del más allá.

De momento, en el más acá, el miedo a no existir quizá sea el origen de todos los otros temores. Y, a diferencia de otros animales, somos capaces de debatir acerca de este tema porque existimos y porque tememos a la muerte, así que vida y miedo son las claves de este dilema.

La pescadilla teme no encontrar nunca una respuesta. Por eso vuelve al comienzo de su enredo filosófico y sigue mordiendo eternamente su cola.

En su origen, era un pez común que, un día, en lugar de seguir al banco de peces hacia las «aguas prometidas», se separó del grupo y decidió sumergirse en el negro y profundo océano en busca de posibilidades desconocidas.

Algo así como la historia de Juan Salvador Gaviota.

Sin embargo, en la oscuridad escalofriante del fondo, la pescadilla solo encontró una cosa: pánico. Su impulso era volver a toda velocidad con el grupo de compañeros, pero la curiosidad la retuvo en el fondo.

Se pegó a una roca y resistió. Empezó a ver seres extraños que poseían una extraña y fugaz luz.

Cuando se acostumbró a su miedo, también lo hizo a la oscuridad. Todo parecía brillar con una iridiscencia templada.

La pescadilla se dio cuenta de que podía manejarse en ese entorno y, finalmente, encontró crustáceos que comer. Su miedo había agudizado sus sentidos. Ahora era más perceptiva respecto a su entorno. De hecho, casi no distinguía entre dentro y fuera.

En su origen, la pescadilla era un pez más, pero, al sumergirse para buscar un hábitat distinto con nuevas oportunidades, se convirtió en lo que es hoy: un pez que caza en la antes temida oscuridad.

El miedo a morir de hambre —y no solo me refiero al estómago— nos impulsa a buscar nuevas oportunidades. El hambre mueve el cambio.

¿Cuál es tu hambre?

COMO PEZ EN EL AGUA

A partir de la historia que acabamos de ver, vamos a jugar en este ejercicio de autodescubrimiento:

1. ¿Cuál es tu hambre? (*intelectual, amor, quizá algo más concreto...*).
2. ¿En qué tipo de aguas te mueves más a gusto? (*calmadas, superficiales...*).
3. ¿Dejarías el banco de peces para buscar tus propias «aguas prometidas»?
4. ¿Qué temes encontrar en el fondo? (*soledad, indecisión, independencia...*)
5. ¿Qué tipo de pez te gustaría llegar a ser?

Ser o no ser

Podemos convenir que, en lo esencial, solo hay dos planos: la existencia y la no existencia. Y en las decisiones y elecciones sucede lo mismo: lo haces o no lo haces, eres esto o eres aquello.

La vida está llena de dualidades. También de contradicciones.

Personalmente, vengo de una existencia controvertida. Siendo hijo de profesores, era el peor alumno de mi clase. Un niño feliz de clase media que gozaba de mucho espacio y libertad. Un adolescente con recursos personales, sociales y materiales, pero que, aun así, vivió en conflicto esos años y atravesó una metamorfosis traumática hacia la madurez.

Hoy soy un adulto que ha pasado por lo mismo que todos: éxitos, fracasos, amores, desamores y odio a los despertadores.

¿Por qué alguien así acabó estudiando Psicología y escribiendo este libro?

Por miedo a no encontrar significado a mi existencia.

De hecho, la mayoría de psicólogos y de gente del mundo del desarrollo personal, se han metido en esto para intentar resolver sus problemas. Fueron los primeros que necesitaron terapia.

La vida es una terapia sin fin, así que elige una que te enrolle.

Ahora soy un adulto y adivino que tú, que me estás leyendo —gracias por estar aquí—, también lo eres. Pero ¿qué significa la palabra «adulto»?

La raíz latina de este término se relaciona con el concepto de «crecimiento» o «desarrollo». El adulto es, en esencia, alguien que crece y se desarrolla. Cuando alguien no lo hace y se queda estancado, podemos decir que es un Peter Pan, que vive en el País de Nunca Jamás.

¿Hacia dónde crees que estás creciendo
o evolucionando en este momento vital?

La misma raíz lingüística, sin embargo, ha dado lugar a palabras con significados no tan bonitos, como «adulterio» y «adulterar». Esto me da por pensar si, al hacernos adultos, nos hemos engañado y hemos adulterado lo más puro que hay en nosotros: nuestra esencia.

Ciertamente, hay mucho Peter Pan suelto por ahí, pero es que yo probé a ser el Capitán Hook y me resultaba muy peligrosa la higiene íntima con el garfio, así como las caricias, los abrazos y todas las cosas buenas de la vida.

Aquí en mi isla vivimos en un Nunca Jamás eterno. Somos como niños sin edad, jugando a ser marineros en este alocado mar. Otros se quedan en la costa soñando con el horizonte. Y así pasamos el tiempo, revolcándonos en las olas y flipando con las ardillas de los volcanes. Parecen extraterrestres con esas manitas y esos bigotitos. ¡Sí! Hay ardillas en los volcanes de Fuerteventura, ¡ven a verlas!

Volviendo al inicio de este apartado, la no existencia ni siquiera podemos imaginarla. Solo sabemos existir y eso nos lleva a enfocarnos en «seguir siendo», o sea, en sobrevivir.

Instinto e intuición

Cualquier destreza que tengamos está encaminada a proveernos de recursos para salir adelante. Algunas son aprendidas, a través del estudio y la práctica. Otras vienen de serie.

Si me fijo en los recursos con los que un humano nace, creo que también los animales, dos de ellos son el *instinto* y la *intuición*.

El instinto es como un mensaje que se siente de inmediato y te impele a reaccionar.

La intuición es como una vocecilla inteligente.

Ambas se sienten, te llegan; no se piensan.

Todo lo demás en la vida de un ser humano se aprende a través de procesos mentales. En todo caso, para la supervivencia aquello que se siente es más importante que aquello que se piensa.

Fíjate que ningún bebé humano quiere estar demasiado tiempo en el suelo, menos aún por la noche, así que llorará para que le recojan.

Por el suelo y por la noche acechan peligros ancestrales, como los reptiles y los depredadores, y no creo que haya un miedo mayor que el de morir devorado. Incluso se han hecho pruebas a bebés con formas y fotos de serpientes, un animal que muchos nunca habían visto, y ya mostraron temor.

El instinto nos ha mantenido vivos y alejarnos de él nos acerca a la muerte. La intuición nos da una sabiduría que llega desde los archivos secretos de la memoria.

Por eso debemos escuchar la maestría de nuestros impulsos primarios.

Un instante crucial

He ido contando mi experiencia de supervivencia por partes para llegar a un momento trascendental. Rebobinemos un poco para contar con más detalle ese punto que lo cambió todo.

Tras saltar del acantilado, sentir el golpe y el caos a mi alrededor bajo el agua, conseguí salir a flote. La adrenalina me impulsó a subir a una roca cercana donde pasé varias horas. Como te he contado, todavía llevaba la mochila, con un móvil inservible lleno de agua, una camiseta y un libro. La cartera tampoco me era muy útil allí sin ningún chiringuito a la vista.

Era consciente de que estaba en un lugar inaccesible.

Entendí que debía salir de allí por mis propios medios. Era imposible que nadie me localizase entre esas rocas. Necesitaba nadar hasta la playa, pues me parecía un lugar más seguro que aquel infierno de rocas y oleaje (bueno, ya sabes que conseguí llegar a esa calita a 300 metros, pero lo que me interesa es contarte algo que sucedió en esa travesía).

Tardé tiempo en animarme porque mis heridas me impresionaban y el dolor me tenía paralizado. Cuando junté el valor suficiente, me dejé caer de medio lado hasta el agua y comencé a nadar.

Claro que nadar con una sola mano, atravesada por un corte profundo, y las piernas inutilizadas era como la natación de un pescado moribundo de medio lado.

«Yo puedo con esto», me repetía para animarme. «Vamos, Álvaro, ¡sigue!».

Transcurridos unos 30 metros, las fuerzas se terminaron y dejé de bracear. La lucha ahora era mantenerme a flote.

Había entrado en pánico.

«¡Vamos, Álvaro!».

Necesitaba mover las piernas, así que iba tentando el dolor. Pronto comenzaron las convulsiones y los gritos. Atenazado por el dolor, mi cuerpo comenzó a bloquearse y a contraerse. Tragaba abundante agua mientras intentaba sacar la cabeza a la superficie.

Caos y cansancio. Estaba colapsando.

Hasta que entendí lo que iba a pasar.

Podría haber hecho el intento de subir una última vez a la superficie, pero estaba tan al límite que, literalmente, quería que se acabase ya el sufrimiento. Desde debajo del agua, los rayos de luz creaban una atmósfera celestial.

En aquel momento, puse la mano sobre mi pecho y recuerdo que me dije algo así: «Entiendo lo que va a pasar ahora y estoy preparado. Gracias por lo que he vivido».

No recuerdo nada más. No pensaba nada. Ya no sentía el agua a mi alrededor. Tampoco angustia. Simplemente, flotaba dentro de un vacío y una soledad total.

Había aceptado mi final, no sé cuánto tiempo transité ese vacío y esa oscuridad. No pensaba en nada, no sentía mi cuerpo, solo me notaba dentro de esa oscuridad.

Fue toda una sorpresa despertar flotando con el cuerpo distendido, con los brazos en cruz. Volví a ver (no recuerdo haber cerrado los ojos en ningún momento), pero lo cierto era que estaba vivo.

Saqué la cara del agua para respirar y sentí que un chorro de adrenalina invadía todo mi organismo. Aquella buena nueva no restó un solo minuto al nuevo plan.

«Álvaro, tienes otra oportunidad», me dije. «No luches, fluye poco a poco hasta la playa».

Ese tránsito tan cercano a la muerte ha cambiado mi vida para siempre. Yo necesitaba entender lo que allí ocurrió. He preguntado a médicos y psicólogos: «¿Qué pasó? Necesito entender». Y ellos me han devuelto la pregunta: «Dímelo tú, Álvaro».

Yo lo único que hice fue decirme: «Entiendo lo que va a pasar ahora y estoy preparado. Gracias por lo que he vivido».

Quizá nos lo han intentado explicar de mil maneras. Quizá sea la fórmula para la existencia: *aceptación y gratitud*.

Desde luego, a mí me salvó la vida.

Somos seres sintientes

Viendo con mi hija *Inside Out* de Pixar, me fascinó la representación gráfica de los recuerdos, el subconsciente, la imaginación...

Todo estaba ordenado por los colores que representan las cinco emociones fundamentales: miedo, alegría, tristeza, ira y asco.

La película me hizo «sentir» que somos seres emocionales que piensan.

«Todo sistema racional tiene un origen emocional, ya que los razonamientos lógicos aceptados nacen de los deseos, gustos y preferencias de cada persona», explica el biólogo y filósofo Humberto Maturana.

Algunas *décadas antes,* el psiquiatra Carl Gustav Jung se alineaba con esto mismo al decir a un paciente en terapia: «Su visión se aclarará solamente cuando usted pueda mirar en su propio corazón. Quien mira hacia fuera, sueña; quien mira hacia dentro, despierta».

Puede que te suene a tópico, pero la magia de la transformación quizá solo sea volver a amarlo todo con corazón de niño, sentir el presente, lo que ocurra, y darte la oportunidad de vivir las emociones sin juzgarlas como oportunas o incorrectas.

Yo me he juzgado mucho en mi vida, y creo que un error vital fue esperar a ser lo suficientemente valioso para merecer cosas buenas. Pondré un ejemplo de mi tierna juventud.

Recuerdo que yo sentía algo muy fuerte por una amiga, pero no me atrevía a dar el paso. La veía inaccesible para mí, a pesar de estar muy unidos y conectados.

Yo oscilaba entre la acción y la evasión.

Ella era tranquila y serena para su edad. Yo, un chico atormentado.

Estaba seguro de que no teníamos nada que ver. Pasados los años, ella me confesó que sentía lo mismo por mí.

Qué lástima no haber hecho nada, ¿verdad? ¿Cuántas oportunidades y experiencias bellas nos pasan de largo porque no las creemos posibles, lo cual equivale a decir que no somos merecedoras de ellas?

En realidad, todos los seres humanos somos muy parecidos. Todos vibramos de expectación por conocer y conectar. Somos

miles de almas que se emocionan y buscan experiencias desconocidas, como la pescadilla en el fondo del mar.

Me reconozco en ti, querido lector, querida lectora, y aprecio
tu valor.

> *Te propongo que, mientras sigues leyendo,*
> *tomes conciencia de tu cuerpo, de tu peso,*
> *de tus respiraciones y sensaciones internas.*
> *De lo que sientes.*
> *¡Gracias por estar y sentir!*

El problema del héroe

De las aventuras del náufrago y el viaje emocional, vamos a enfocarnos ahora al mundo de la empresa. ¿Qué tendrá que ver? Puede que te preguntes eso. Verás que mucho.

*Las empresas venden soluciones a problemas externos, pero los clien-
tes compran soluciones a problemas internos.*

Decía Dale Carnegie, el gran inspirador de los vendedores del
siglo XX, que para conectar con alguien has de tener en cuenta que,
para esa persona, un grano en su nariz es más importante que una
hambruna que mate a un millón de personas en China.

Lo único que nos importa son nuestros problemas. Nos da
igual lo que una empresa nos intente vender, lo que cuente de ella
misma, su visión, misión y valores. Lo único que nos interesa es:
¿cómo me puedes ayudar con tu producto y servicio para solucionar mi problema?

Las empresas conocen este mecanismo y te hablan de tu problema para que aflore tu dolor. Inmediatamente después te ofre-
cen la solución. Lo hace la publicidad, los políticos, los seductores,
los embudos de ventas de *marketing*, etcétera.

Si vendo un cortacésped, al cliente lo que le importa es si
puedo solucionar su problema con las hierbas descontroladas que
le hacen pasar vergüenza cuando los vecinos las ven.

Si vendo planes de jubilación, lo que le importa a mi cliente es cubrir su miedo por mantener su nivel de vida en el futuro.

Te cuento todo esto para que entiendas una ecuación no muy compleja que veremos muchas veces en nuestra vida:

ALGUIEN necesita algo para solucionar un PROBLEMA.
Aparece un GUÍA que le da un PLAN
y le motiva para PASAR A LA ACCIÓN
y así no FRACASAR y tener ÉXITO.

En este libro me corresponde a mí hacer de guía. La empresa es tu vida y tú eres el héroe o heroína de esta historia. Lo que vamos aprendiendo juntos, capítulo a capítulo, nos da herramientas para resolver los problemas.

Para que lo entiendas mejor, me pondré ahora de héroe por un rato. Y no voy a volver a la historia del náufrago aún, sino que hablaré de cómo surgió este libro.

Yo quiero conectar con mis lectores, pero tengo el problema de no saber si estoy siendo lo bastante claro. Ha aparecido un guía (*mi mentor, Francesc Miralles*) y me convence de que escriba un libro (*llamada a la acción*) y además me proporciona un plan (*me presenta la agente y la editorial, me apoya en la escritura con su experiencia y maestría*) para no fracasar (*lo que sucedería de no ser concreto*) y que tenga éxito (*que este libro salga a la luz y la gente conecte con él*).

Podemos llamar a este esquema «el problema del héroe» porque en el centro de este asunto hay, en efecto, un problema a resolver. Puedes hacerte estas preguntas:

¿Cuál es la necesidad interna que quiero cubrir?
¿A través de qué acciones externas puedo lograrlo?

Sea cual sea el problema que te hayas planteado, merece la pena que, antes de dejarte la vida en resolverlo, pase por un control de calidad. *¿Qué parte de lo que deseas es ego y qué parte es una necesidad oculta importante?*

Ya hemos defendido que *las necesidades ocultas hacen aflorar nuestra fuerza oculta y nos guían hacia nuestra habilidad oculta.*

La respuesta a la pregunta anterior quizá te sorprenda porque, incluso si se trata de ego, tu ego esconde una necesidad importante camuflada. Por lo tanto, abordemos el problema de la mejor manera posible.

En mi caso, el dilema podría resolverse así: si, al escribir este libro, mi afán por ser único y original oculta mi sencillez, mi misión será desentrañarla. De hecho, ahí reside mi verdadera esencia. Soy una persona sencilla que se desconecta cuando intenta gustar o impresionar, porque implica en realidad no aceptarme.

Mi fuerza oculta surge, entonces, al comunicar con sencillez, con el estilo que salga de dentro sin forzar, sin utilizar ideas grandilocuentes, sin adular al lector con palabras bonitas, sin idealizar situaciones que he vivido, ideas que he tenido, etcétera, etcétera.

Mi habilidad oculta es hablar de lo complicado de forma simple.

¿Cuál es la tuya?

A lo largo del libro encontrarás el esquema que has visto antes más de una vez, donde tú eres el héroe/heroína que tiene un problema y yo soy tu guía que te incita a pasar a la acción (con la teoría y ejercicios de este libro), pero ahora sigue leyendo para descubrir dos herramientas que te interesarán.

Proyección

Una maravillosa técnica de autoexploración que nos legó el abuelo Gustavito es la proyección: *ver en los demás cualidades no reconocidas en uno mismo.*

Estos aspectos reprimidos de la personalidad pueden incluir cualidades que consideramos negativas, como la ira o la envidia —lo que Jung denominaba «sombra»—, pero también cualidades positivas no realizadas.

Atribuir a otras personas estas virtudes que no vemos en nosotros es otra forma de represión.

¿Qué cualidad ves a menudo en los demás
que en realidad te pertenece?

Los personajes que mencionaré a continuación nos sirven como ejemplo de la complejidad de la naturaleza humana y de nuestra falta de autoconocimiento.

En la película *El Señor de los Anillos*, Sam es el fiel amigo y compañero de Frodo en su viaje para destruir el Anillo Único. A lo largo de la historia, Sam demuestra ser valiente, leal y con una notable fortaleza moral. Sin embargo, él no percibe en sí mismo ninguna de estas cualidades; en cambio, reconoce esas mismas cualidades notables en Frodo y se lo hace saber.

Saltando a una novela muy distinta, Humbert es el narrador y coprotagonista de *Lolita* de Vladimir Nabokov. Obsesionado con una niña de doce años, a lo largo de la historia Humbert comete acciones más que reprobables, aunque justifique su conducta a través de una percepción distorsionada de la realidad. Sin embargo, no se ahorra críticas y condenas a otras personas, proyectando sus propios defectos en ellas.

Como decía ya hace cuatro siglos Baltasar Gracián: «Quien critica, se confiesa».

Por lo tanto, a través de lo que opinamos de los demás, del mundo y de nosotros mismos, podemos obtener mucha información sobre nuestra parte oscura. No creo que haya mejor práctica para confirmar la teoría de Jung que observar nuestras opiniones de los demás.

El espejo

Lo que me molesta en otros es lo que llevo dentro reprimido, algo que no me concedo. Representa mi negación. La acción que critico esconde una energía que me niego a mí mismo. Capto la «energía afín» para reflejar una cualidad que también reconozco en mí (a favor o en contra), sea en forma de identificación o de rechazo.

¿Qué es lo que más te molesta de los demás?

Al responder a esta pregunta puede que descubras algo que no te concedes. Tal vez no sea siquiera un defecto, sino que esconde tu búsqueda y tu anhelo más profundo. Y te irrita o violenta verlo en otros.

Reconoces esa energía en los demás, porque te la niegas a ti mismo y te tratas de la misma manera.

Pero esa energía no es ni buena ni mala, sino una necesidad encubierta.

Te voy a poner un ejemplo personal. La crueldad siempre ha sido algo que no he podido entender, una lacra que me hace perder la esperanza en el ser humano.

Por otra parte, me doy cuenta de que lo que yo más necesito es cuidado, darme permiso para mostrarme vulnerable, aunque mi actitud externa en el pasado señalaba justo lo contrario. Me mostraba autosuficiente y duro a los ojos de los demás.

El *feedback* que me daban desde fuera solía ser: transmites seguridad y distancia. Parecía que me estuviera protegiendo de algo y no sabía exactamente lo que era.

Ahora me doy cuenta de que ponía distancia entre los demás y mi necesidad de cariño y cercanía para que nadie me hiriese, porque me aterrorizaba ser yo el objeto de esa crueldad. El precio que pagaba por esa creencia y esa necesidad inconsciente es que era yo quien me hería a mí mismo y a la gente con mi distancia.

Era cruel conmigo. Era cruel con mis verdaderas necesidades, negándome el cariño de los demás y el mío propio.

LA PRUEBA DEL ESPEJO

1. Describe lo que más odias en los demás (*por ejemplo, la crueldad*).
2. Busca el contrario de ese atributo (*en el ejemplo, amabilidad, cariño*).
3. ¿Cómo de *amable* y *cariñoso* (*la virtud contraria a crueldad*) eres contigo mismo?

Si, por ejemplo, te dices: «Lo que más me molesta son los mentirosos», la pregunta que debes hacerte es: «¿Qué verdades no me digo?» o «¿Cómo de sincero soy conmigo mismo?».

Si lo que más te molesta, en cambio, es el egoísmo, la pregunta será: «¿Cómo de generoso soy conmigo mismo?» o «¿Qué cosas no me concedo?».

Para el propósito de este libro, lo que más nos debería importar es la razón por la que necesitamos esconder esa necesidad, definir cuál es nuestro miedo, porque ese es nuestro material de trabajo.

En aquella playa perdida, yo tuve mucho tiempo para pensar en lo que era mi vida y por qué quería volver a ella. Tomé conciencia de que sentía algo con mucha fuerza y era una promesa de cariño y paciencia.

Me dije: «*Álvaro, si regresamos vivos, voy a cuidarte. Voy a ser una buena compañía para ti*».

¿Cómo valorarías, del 1 al 10,
la clase de compañía que eres para ti?
¿Qué puedes hacer para mejorar
tu relación contigo mismo?

UN POCO DE SÍNTESIS

- Lo que más temes que ocurra —o que no ocurra— es la llave de tu poder creativo y motivador.
- Si el hambre mueve el cambio, es importante que identifiques cuál es la tuya.
- La vida es una terapia sin fin, porque siempre estamos creciendo y descubriendo.
- Lo que sientes a través del instinto y la intuición puede salvar tu vida. Somos seres emocionales que piensan.
- El problema que debemos resolver responde a una necesidad interna, así que atento a los guías con un plan para pasar a la acción.
- Lo que admiras y criticas en los demás es una valiosa información, prácticamente una radiografía, de quién eres.
- Conócete a ti mismo y te acercarás a tu plenitud.

4. No es filosofía, es energía
Cómo desarrollar tu potencial desde lo inconsciente

Annie Marquier, matemática e investigadora, habla de la comunicación energética. Asegura que el campo electromagnético del corazón es el más potente de todos los órganos del cuerpo: unas cinco mil veces más intenso que el del cerebro.

Y se ha observado que cambia en función del estado emocional. Cuando sentimos frustración o estrés, se vuelve caótico.

Sabemos que el campo magnético del corazón se extiende alrededor de nuestro cuerpo entre 2 y 4 metros, es decir, que todos los que nos rodean reciben la información energética contenida en nuestro corazón.

¿No es fascinante?

Los estudios demuestran que el corazón envía más información al cerebro de la que recibe.

AUMENTA TU COHERENCIA CARDÍACA

Regular de manera consciente la respiración a un ritmo de 10 segundos permite modular la actividad vagal eferente y aumentar la coherencia cardiaca. Simplemente inspira hondo durante 10 segundos y suelta el aire otros 10 segundos para calmar tu tensión arterial.

Te pondré una prueba muy sencilla. Si te pido que te señales con el dedo a ti mismo ahora, ¿adónde señalas? Hazlo, a ver qué pasa.

Normalmente, te señalas al centro del pecho. ¡Por algo será!

Lo curioso es que en nuestro modelo humano de gestión del mundo todo es mental, racional. Sin embargo, solo el 5 % de la mente es consciente, el resto es inconsciente. La mayor parte del iceberg queda sumergido, y en este capítulo exploraremos los tesoros que ocultan esas aguas.

Materia oscura y mente oscura

Es interesante saber que el 95 % del universo está compuesto de materia oscura, al igual que el 95 % de nuestra mente es inconsciente. Esa sombra de la que hablaba C. G. Jung es larga y profunda.

Será casualidad o no, pero, si conoces las leyes del *Kybalion*, en ellas se dice que «como es adentro, es afuera; como es arriba es abajo». También asegura que «nada está quieto; todo se mueve, todo vibra».

Si el universo es una realidad energética, nosotros somos parte de esa energía, en nuestro caso mental y emocional. Y «emoción» viene del vocablo latino *emovere*, que significa «mover», «inducir a la acción».

Solo lo que «nos mueve» es capaz de impulsar nuevas posibilidades. Traducido a nuestra vida, necesitamos objetivos que realmente tengan una fuerte implicación emocional para nosotros, ya que de otro modo no encontraremos la energía mental y emocional para materializarlos.

Volviendo a los misterios del universo, la materia oscura es un campo de energía. No la vemos, pero está ahí, al igual que nuestros pensamientos y emociones pueden materializarse en acciones y hechos, ya que es lo que son en potencia.

Si somos un 95 % «mente oscura», debemos averiguar qué hay escondido en nuestro inconsciente, en la sombra, para iluminar su contenido. Dicho de otra forma: *descubre lo que realmente es importante para ti a nivel emocional para materializar tus objetivos.*

Si le preguntases al niño acurrucado en el fondo de tu «habitación oscura» qué necesita para salir y jugar con los mayores, ¿qué respondería?

A veces nuestro propósito vital es simplemente facilitarnos la vida y para eso necesitamos tomar de la mano a «nuestro niño oculto» y darle confianza para salir a la vida. Toma su mano con cariño y que te acompañe; escucha lo que te dice y háblale todo lo que necesite.

El propósito nos lleva a generar una visión. Ya sea personal, familiar o profesional, la visión te da una idea clara de adónde vas. Y tiene una emoción dominante asociada. Cuando tomas conciencia de todo eso, el corazón y la mente inconsciente podrán llevarte hacia ella.

Marca tu destino en el GPS

Volvamos a la playa en la que yo estaba varado y malherido. Durante dos días abrasadores y dos noches heladoras, aguanté allí esperando a que algo sucediese, a que me rescataran. Ver cómo mis heridas abiertas supuraban grumos de sangre y arena no era la mejor de las compañías. Tampoco el dolor intenso al arrastrarme por la caleta, buscando cobijo o revisando botes vacíos que la marea había arrastrado hasta aquella playa inaccesible.

Para animarme, una imagen de salvación comenzó a tomar forma en mi mente. Me veía tumbado en la cama del hospital, contemplando mi cuerpo vendado, con mis amigos felices alrededor. Estaba allí una persona a la que yo necesitaba pedir perdón y en la mesilla, junto a mi cama, un vaso de Aquarius con hielo.

Esa era mi visión de lo que yo necesitaba: seguridad, amor y cuidado.

Al evocar estas imágenes idílicas, me sentía muy bien: amado, seguro y orgulloso. Si llegaba a ese momento, significaría que había hecho lo imposible: nadar unos 10 kilómetros hasta la primera playa donde podría encontrar a algún ser humano.

Pero claro, ahí llegaba también mi gemelo feo, más presente que nunca en mi vida: «No lo intentes. Es imposible nadar 10 kilómetros tal como estás. ¡Pero si casi te ahogas nadando 300 metros el primer día…! Además, sabes que, en tu estado, después de una hora en el agua, la hipotermia está garantizada».

Ese era el goteo agorero de mi mente, pero mi corazón reclamaba:

«¡Sí puedo!».

Volviendo a la intuición, de la que hablaba en el anterior capítulo: *si puedo sentirlo es que puedo conseguirlo.*

Ahora me doy cuenta de que ese es el lenguaje de la energía: una imagen, una emoción y una idea asociada. Así es como se genera una visión. Así se crean nuestras realidades.

A mí me dio fuerzas para intentar volver a mi vida. De este modo conseguí meterme en el agua, a pesar de saber que era un viaje solo de ida. Era llegar a mi destino o morir en el intento.

Si no marcas un destino claro en tu GPS, corres el riesgo de perder el rumbo. Puedes nadar y nadar hasta agotarte, y ahogarte antes de llegar a tierra firme.

«Sentirme seguro y cuidado», eso resumía mi destino.

Esos impulsos vitales que nos impelen a actuar son parte de la energía universal. Somos realidades energéticas que aspiran a la realización.

Imagínate en una situación rodeado de tu gente, todos a tu alrededor, abrazados, saltando, estáis celebrando tus logros, te miran con admiración, tu corazón rebosa felicidad, seguridad y confianza.

Eres la persona que siempre has querido ser. Los más pequeños te miran buscando ejemplo. Tus compañeros se apoyan en ti. Tus familiares sienten tu presencia conciliadora y ejemplar. Esa responsabilidad te ilusiona.

Te prometes que, cuando no sepas cómo reaccionar, recordarás este momento y actuarás como tu «yo ideal», este que ya eres capaz de sentir. Y si lo sientes es que ya lo eres. Esa es tu visión de por vida. Sientes seguridad, amor, orgullo por tus acciones.

Recuerda, si lo puedes sentir es que lo eres. Ahora, por favor, cierra los ojos y revívelo.

Lo que crea la creencia

He ido a terapia, he participado en procesos de desarrollo personal, tanto individual como grupal. He leído, he fracasado, me he divertido, he aprendido mucho, me he embrollado la cabeza, he acertado y he bebido un par de cervezas, por no decir un par de miles.

Dejé la carrera de Psicología, donde no encontraba las respuestas que buscaba, para volver a estudiarme de otras formas.

Todos hacemos lo que podemos para encontrarnos, primero a uno mismo, luego a los demás. Por el camino están los camareros espaciales que, detrás de su cómoda barra, mientras te preparan un cóctel astrológico te dicen: «Lo que tienes que hacer es confiar en el universo...».

En 1957, el psicólogo de UCLA Bruno Klopfer publicó un artículo contando la historia del doctor Philip West y un paciente llamado Wright, que padecía cáncer en las glándulas linfáticas.

El tipo tenía unos tumores enormes que le habían postrado en la cama y su pronóstico era que no duraría más que unas semanas.

Este paciente leyó en una noticia que el hospital donde él estaba era uno de los pocos que probarían un fármaco experimental llamado Krebiozen, extraído a partir de sangre de caballo.

Esperanzado, Wright acorraló a su médico para que le metiese en la prueba del medicamento. Pensando que no tenía nada que perder, el Dr. West se lo administró.

A los pocos días el paciente caminaba y se sentía fenomenal. Las pruebas evidenciaron que los tumores habían desaparecido. Diez días después le dieron el alta; se había curado.

Dos meses más tarde, los medios de comunicación anunciaron que el medicamento era una farsa. Cuando Wright lo leyó, empeoró y volvió a enfermar.

Al entender que se trataba del efecto placebo, el Dr. West decidió usarlo a su favor, pensando nuevamente que no tenía nada que perder. Le dijo a su paciente que no creyese las noticias, que solo era una partida en mal estado y que esa semana llegaría otra el doble de potente y de una calidad excelente.

Entusiasmado de nuevo, Wright recibió un pinchazo de agua destilada y, unos días después, recibió el alta. Estaba curado. El tumor había vuelto a desaparecer.

Joe Dispenza recoge en sus libros miles de casos similares registrados durante décadas. Demuestran cómo el efecto placebo, o sea, la fuerza de nuestras creencias, puede cambiar no solo nuestro cuerpo, sino también nuestro mundo.

Ya sea con el cóctel mágico de un camarero espacial o por tu propia convicción, los «milagros» se producen mucho más a menudo de lo que creemos.

Para entenderlo, volvamos al dato que vimos antes: somos un 95 % mente inconsciente. Si no entiendes lo que contiene tu inconsciente, él te gobernará y no habrá pócima o libro que te libere.

La buena noticia es que el inconsciente está hecho de tu propia esencia.

Nos suelen vender que debemos centrarnos en todo lo bueno y maravilloso que tiene la vida, pero yo te digo: *aquello que no queremos mirar en nosotros mismos nos da un mensaje mucho más potente que todos los buenos propósitos.*

Para terminar con la historia de Wright, este murió meses más tarde, cuando volvió a leer en un periódico que se confirmaba que el Krebiozen era una farsa total.

Probablemente, la misma creencia que le hizo sanar, al verla desmentida, le hizo enfermar. En otras palabras: concedió todo el valor a una creencia en algo externo que tenía poder sobre su vida.

Sin embargo, el poder lo tenía dentro y se convirtió en el motor de su curación y de su enfermedad. El poder lo tenemos dentro.

Vivir es decidir, sobrevivir es esperar; esperar a que algo ocurra, a que alguien venga a salvarme o haga el trabajo por mí. Alguien me amará. Alguien me dará trabajo. Alguien me cuidará. Y así sigue la lista.

Y, oye, quizá si me hubiese quedado un día más en aquella playa me habrían rescatado por fin, sin tener que arriesgar mi vida en el intento. Pero ¿y si no? Imagina lo culpable que me habría sentido, en mis últimos suspiros, por no haber intentado hacer algo. Puedo ver esas últimas horas secándome al sol, sintiendo la muerte muy cerca, saber que podría por lo menos haberlo intentado, pero no lo hice…

«Tanto si crees que puedes, como si crees lo contrario, estás en lo cierto», decía Henry Ford, y yo creí que podía salir de ahí nadando y finalmente salvarme.

Examina tus creencias porque son la fuente de tu poder.

¿QUÉ CONSIDERAS IMPOSIBLE?

Si tu respuesta es «nada es imposible», entonces estás muerto. ¡Por supuesto que hay cosas imposibles! Por ejemplo, a mi edad y en mi estado de forma, ya nunca podré jugar en la Selección Española de Fútbol.

Acerca tu meta a tu realidad y a tu dificultad, pero ponla lo suficientemente lejos como para que tengas que salir a buscarla en lo desconocido, en la aventura y la exploración. Ha de estar, por lo menos, un paso lejos de ti.

En su libro *Flow*, Mihály Csíkszentmihályi dice que, para que la diversión y el reto continúen, hay que subir siempre un poco el listón. Si trabajas siempre en el mismo nivel, te aburres. Si quieres dar un salto demasiado lejano, te bloqueas. Se trata de ir un poco más allá cada vez.

¿Qué pequeña dificultad te propone ahora mismo tu vida?

El adolescente cuántico

La partícula más pequeña, el átomo, se compone de un 99,99 % de vacío. La materia y el espacio vacío son energía, vibración, ondas… El universo es energía, y tú también.

Tu foco energético de pensamientos crea realidades, ya que influye en el campo de la energía.

La lógica dice que donde pones la atención, creas tu realidad, así que enfocarte en aquello que quieres alcanzar es mucho más provechoso que ponerla en lo que no quieres que ocurra.

Recuerdo que mi profesor de Filosofía decía esto cuando yo iba al colegio, en la EGB, allá en la Prehistoria:

—¿Como podemos escuchar los sonidos de la clase de al lado, si la materia de la pared es «sólida e impenetrable»?

Eso me impactó bastante, pero mucho menos que mi compañera Leticia; ella sí tenía toda mi atención, y sus curvas adolescentes eran mi tortura.

Volviendo a lo del poder de la creencia —para bien y para mal—, ahí está la mente lógica para recordarnos lo difícil que es todo. También miles de pensamientos negativos acumulados en el inconsciente.

Al rememorar todo lo que pasó en mi accidente, me doy cuenta de que el tiempo no existe, pues es totalmente relativo. Un minuto en esa situación puede ser tan intenso y trascendental como una vida entera. Puede cambiar una vida y darle sentido.

¿No es esto alucinante?

Si una situación de miedo o amor extremo es capaz de moldear y relativizar el tiempo de esa manera, podemos doblegar la tiranía del tiempo. Asignar un significado a la vida, dando importancia a algunas cosas que te quedan por hacer, comprender, sentir... te llena de energía creativa.

Con intensidad emocional el tiempo se acorta. ¿Quieres cambiar algo? Cámbialo por otra emoción potente. Siéntela tan fuerte y locamente para convencerte.

Durante mucho tiempo, yo no me traté con cariño y aceptación. Siempre pedía más a la vida, exigía más y mejores resultados exteriores. Pero no encontré el sentido hasta que comprendí que el foco debía ponerlo dentro para comprender el vacío que me gobernaba.

Cuando volví a meterme en el mar a la desesperada, deseaba ardientemente volver a mi vida y darle valor. Quería cuidarme, dejar de exigirme tanto. Aceptar el mundo como es, sin tanta crítica. Necesitaba también pedir perdón a una persona por no haber sido honesto con mis sentimientos.

Me aterraba no lograr volver para cumplir esa misión.

Como ya he dicho, el miedo me guio hasta esa visión y me otorgó una misión. Por el miedo a no asomarme nunca a ese Álvaro que yo podía llegar a ser, me metí al mar en paz, aunque el resultado fuera morir intentándolo.

Era una llamada de atención radical y definitiva.

¿No merece la pena darlo todo para vivir una vida entera con intensidad y sentido?

¿No son el amor extremo y el miedo extremo partes de una misma cosa?

Y si yo ahora te pregunto...

¿Qué es lo que más temes perder?

Cierra los ojos, deja que la respuesta salga del centro de tu pecho. Cuando ya la tengas, asume esto: *aquello que más amas es aquello que más miedo te da perder.*

Ama tu miedo

Si amas tu miedo, sentirás el amor a lo que tienes amplificado hasta el extremo.

Es una fórmula para integrar todo tu ser y dotar de sentido a tu vida. O, como mínimo, esa acción te guiará hasta el siguiente paso.

Como nos cuesta sentir algo que todavía no ha ocurrido, no nos permitimos influir en nuestro inconsciente con suficiente potencia para convencerle de que sí es posible.

Los seres humanos a los que admiramos porque han modificado la realidad, antes de lograrlo ya *sentían* que vivían en ese nuevo entorno que querían crear. Para ellos y ellas, la barrera entre lo real y lo imaginario no existía. Por eso los consideraban locos.

Te voy a plantear una pregunta: cuando el primer ser humano primitivo contempló el fuego de noche, ¿qué es lo que más les gustó del fuego, que por fin podía ver de noche o que neutralizaba el miedo a la oscuridad?

Por la noche acechaban los peligros y, de esta manera, se neutralizó el miedo a no verlos venir. En la mente de ese humano primitivo fue un alivio, seguro que había deseado que siempre fuese de día hasta que… ¡tachán! Descubrió el fuego.

El miedo nos dice que algo es importante para nosotros, si no ese humano primitivo hubiese pasado de largo al ver el fuego; no representaría ninguna oportunidad. Confía en tu miedo y abrázalo para iluminarlo; abrázalo para iluminarte.

¿Qué miedo te gustaría iluminar?

¿Y si fueras tú?

¿Qué pasaría si fueras tú quien camina por aquella duna? Te voy a proponer un ejercicio que alguna vez hacemos en mi taller de «aceptación radical».

Antes de eso, quiero que sepas que te admiro por elegir este camino de autoconocimiento. No es muy normal que alguien se exponga tanto.

Este ejercicio es duro. Tendrás que escribir sin levantar el lápiz o el boli del papel. Solo has de dar voz a las personas que vas a imaginar. Una a una las tendrás que recrear en tu mente y transcribir sus palabras.

¡Vamos allá!

Sería bueno que antes hicieras una pequeña relajación.

1. Cierra los ojos y siente el peso de cada parte de tu cuerpo desde los pies hasta la cabeza.
2. Luego inspira por la nariz, profunda y lentamente, llenando desde la barriga hacia los pulmones y finalmente las clavículas. Cuenta hasta 7 y lo mismo cuando sueltes el aire por la boca, así 7 veces.
3. Estás preparado para empezar.

Imagina que has ido de viaje con todos tus amigos, familiares y compañeros de trabajo a la isla de Fuerteventura para celebrar tu cumpleaños.

En tu gran día, propones ir de excursión por las dunas del sur de la isla.

Los coches todoterreno se quedan en el camino y os bajáis para comenzar a caminar por esa inmensa belleza de arena.

Después de una hora, te giras para contemplar tus propias huellas que se pierden atrás, en el horizonte amarillo. Hace calor y un sol deslumbrante apenas te deja abrir los ojos.

En un tramo que discurre por una duna enorme, pasáis por el borde de un acantilado.

De repente, tus pies resbalan. Pierdes el equilibrio y sientes cómo tu cuerpo se precipita al vacío.

En el último momento, notas cómo una mano te agarra de la camisa y te sujeta. Tu cuerpo cuelga en el vacío.

Cierra los ojos y ponte en situación hasta que sientas que estás plenamente metido en lo que sucede.

Mientras estás al filo del abismo, oyes que comienzan a hablar detrás de ti. Se han reunido todos. Al principio no comprendes, pero luego escuchas perfectamente lo que están diciendo.

Deciden si deberían soltarte o salvarte.

Escuchas a tus amigos que defienden argumentos por los que deberían dejarte caer. Usan frases del tipo:

«En realidad es…».

«No aporta porque…».

«No tiene valor para…».

Cierra los ojos de nuevo antes de tomar el bolígrafo y comenzar a escribir, crudo y sin filtro, todo lo que escuchas.

Escribe sin levantar el boli del papel. No lo juzgues, solo escribe.

Ahora parece que tus amigos han cambiado de opinión y debaten los motivos por los que deberían salvarte. Oyes las frases:

«En realidad es…».

«Aporta mucho, porque…».

«Tiene valor para…».

El proceso se repite con tus compañeros de trabajo. Escuchas sus argumentos a favor de soltarte al vacío.

Al cabo de un rato parecen ponerse de acuerdo en salvarte, y escuchas sus argumentos también.

No te habías dado cuenta hasta ahora, pero tus exparejas han venido también a la excursión y escuchas sus argumentos a favor y en contra de salvarte.

Por último, escuchas una voz de alguien que te conoce muy bien. No le pones cara, pero te describe con mucho aprecio, cariño y profundidad, y dice....

Escríbelo o complétalo mentalmente.

Una vez terminado este ejercicio de aceptación radical, evalúa cómo te sientes. ¿Te ha sorprendido algo?

UN POCO DE SÍNTESIS

- Todo es energía. Tú eres energía. El cambio es energía.
- El 95 % de nuestra mente es inconsciente. Ahí se concentra nuestro mayor poder.
- Si puedes sentirlo es que puedes conseguirlo.
- Si no entiendes lo que contiene tu inconsciente, él te gobernará y no podrás obrar tu magia. El poder está dentro de ti.
- Tu foco energético de pensamientos crea tu realidad.
- Aquello que más temes perder es, por lo tanto, aquello que más amas.
- Para no perder el rumbo, necesitas marcar un destino claro en tu GPS personal. Una visión que te resume, tu «yo ideal», una serie de emociones que rememorar siempre que quieras.

5. Los regalos del miedo
Las fuerzas y soluciones que surgen de la incomodidad

Hace unos años tuve ocasión de escuchar al paleontólogo Ignacio Martínez hablar de Benjamina, en referencia a una niña de unos diez años encontrada en la Sima de los Huesos de Atapuerca. Sus restos datan de hasta casi 500.000 años de antigüedad.

Los restos de Benjamina, como fue bautizada *a posteriori*, evidencian malformaciones que la limitaban psicomotrizmente. La sorpresa es que esa niña necesitó de cuidados para sobrevivir, en una época donde se supone que el clan la habría rechazado por inútil.

Martínez lo calificó como un hallazgo revolucionario. Teniendo en cuenta que, en estos grupos prehistóricos, cuando los niños dejaban de ser bebés los cuidaba el clan, no solo la madre, algo extraordinario tuvo que pasar para que lograra sobrevivir hasta los diez años.

Según su teoría, el amor del grupo la mantuvo viva.

¿Qué cualidades desarrollaría Benjamina para compensar sus carencias?

¿Acaso el humano no se define por haber salido del orden natural?

La lección de Benjamina

Los humanos podemos decidir si somos buitres, leones, zorros, corderos o, en todo caso, a veces vamos mutando según las circunstancias.

No nos conformamos con ser homínidos. La insatisfacción es lo que nos define, y tal vez eso nos ha sacado del orden natural.

Liberarse de la insatisfacción implicaría arrancarse la consciencia. Con todo, insatisfacción implica también no estar conforme y eso implica sufrimiento. No hay ningún humano que haya conseguido tener consciencia y no sufrir.

Somos seres gregarios. Por lo tanto, que el grupo nos acepte es una necesidad de cualquier terrícola. Eso explica por qué tememos tanto el rechazo. En la antigua tribu, eso equivalía a morir de hambre y solo.

Todo nuestro ser se enfoca en ser aceptado y prevenir el rechazo.

Las teorías del aprendizaje humano se basan en que desarrolles tu talento para resultarle útil al grupo. Si no eres útil, no tienes futuro. A no ser que haya un vínculo emocional fuerte, como el que estableció Benjamina con su clan, solo los sentimientos pueden salvar el escollo de la utilidad.

Benjamina nos enseña una importante lección: *acepta la insatisfacción y ama tus carencias*, porque esconden parte de tus habilidades ocultas.

La niña de Atapuerca tuvo que desarrollar algún tipo especial de actitud, energía o afecto para que el grupo decidiera seguir apoyando a un individuo «inútil» en las tareas de supervivencia diaria.

El amor es ese sol bondadoso que calienta y nos ampara en los momentos más sombríos. Desde el corazón ilumina con una fuerza que todo lo entiende, allí donde cesa la lucha y el juicio.

Amar incluso tus miedos, eso te llevará a fundirte con la vida, con la diosa del amor incondicional de madre.

Tu mayor incomodidad esconde tu mejor oportunidad

Imagina ahora a un niño al que se le da mal comunicarse con otros niños. Para compensarlo, tiene mucho contacto con las máquinas y se acaba convirtiendo, por ejemplo, en informático.

¿A qué le debe su profesión ese niño? ¿A su amor por los ordenadores o al miedo a no poder comunicarse con los demás?

Yo creo que sería más bien lo segundo. Me atrevo a opinar que todos debemos una parte enorme de lo que somos a aquello que sentimos que nos falta.

Si en mis relaciones con el mundo, siento que algo no «está bien», resolverlo se convierte en algo crucial para mí.

Una persona entiende instintivamente que debe desarrollar destrezas para compensar esa carencia que percibe en su relación con el grupo, la sociedad o el mundo.

Por supuesto, podría rechazar o disimular «eso que no funciona» y hacer lo posible por no afrontar las situaciones temidas. Hablaremos de esos mecanismos de evasión, aparte del recurso de ver el problema en el exterior y buscar culpables fuera.

Una estrategia de evitación típica es enfocarnos en potenciar lo que se nos da bien hacer y olvidar lo que no se nos da tan bien. Eso puede funcionar a un nivel práctico, pero a un nivel profundo y de desarrollo considero que es un error.

En mi caso, por ejemplo, siempre se me ha dado bien analizar y sintetizar información. Con pocos datos y recursos logro sacar proyectos adelante. Por eso me he enfocado en ser emprendedor. Eso resulta práctico y está bien, porque me ha permitido mantenerme a nivel económico.

Sin embargo, cuando estaba sumergido en aquel mar a punto de ahogarme, ahí entendí lo que me faltaba, y no tenía que ver con conseguir éxito o dinero. En un momento así, nada de eso es importante. En el filo entre la vida y la muerte, me daba cuenta de que había descuidado conectar conmigo mismo de forma genuina y auténtica.

Esa certeza me atravesó como una flecha certera, movilizando mi alma desde entonces.

Empecé a interesarme por participar en proyectos con otras personas, e incluso me entraron ganas de trabajar con equipos.

Hoy en día trabajo con grupos, lo cual me hace salir de mi zona de confort para exponerme, entre otras cosas, al juicio de los demás, el mío, etcétera. Aun así, entiendo que me hace bien conectar con cariño y profundidad.

Esto me obliga, además, a hablar en público, uno de mis tres miedos que mencioné al principio del libro.

¿No es una maravilla? ¿Acaso no es eso magia?

Debo confesar que sonrío como un niño al escribir esto, porque jamás me habría imaginado conectar de manera tan sincera con tanta gente a la vez.

En el fondo, he potenciado otras habilidades para compensar mis carencias, como debió de hacer Benjamina, que encontró la manera de ganarse al grupo, hace medio millón de años, cuando la supervivencia era complicada y brutal.

La lección de los Andes

Cuando vi la película *La sociedad de la nieve*, me pareció impresionante, sobrecogedora y muy inspiradora. Una obra maestra, no solo como creación audiovisual, sino como testimonio humano.

Lo que vemos en esta recreación de los hechos reales es un experimento social de conducta ante la adversidad extrema.

Tras su accidente aéreo, los dieciséis supervivientes de los Andes lograron resistir 71 días a 4.000 metros de altitud con temperaturas de -30 ºC por la noche, sin tener siquiera ropa adecuada de abrigo.

Todavía hoy, cuando estos héroes a la fuerza analizan las causas de su éxito, no se ponen de acuerdo en cómo lo lograron contra todo pronóstico. ¿Pudo deberse a que eran un equipo cohesionado de personas con mucha cercanía personal y cultural? El hecho de que casi todos se conocieran muy bien y fueran amigos pudo ser un factor clave.

Tenían *prohibido quejarse*, una regla no escrita que me ha parecido fascinante. Ante la penuria extrema de su situación, para ellos lamentarse era algo redundante, así que hacían el vacío a quien se quejaba o se ponía negativo.

En el equipo que formaron para sobrevivir, cada uno asumió un rol y unas tareas. Quien más me llama la atención es Nando Parrado, que se entrenaba todos los días para fortalecer las piernas. Su plan era atravesar la cordillera y salir de aquel infierno helado para pedir ayuda.

Tuve la suerte de conocer a Nando primero por la radio y luego en persona. Nos preguntaron a qué atribuíamos haber salido vivos de nuestras respectivas situaciones de supervivencia. Tras algunas explicaciones, Nando dijo:

—Bueno, entre otras cosas, a mucha suerte. ¿No crees, Álvaro? —me preguntó guiñándome un ojo.

A los humanos no nos gusta nada que las cosas dependan del azar, de la suerte o de fuerzas que no podemos controlar. Incluso nuestra relación con lo divino, en caso de ser creyentes, depende de la voluntad y de la fe de uno.

Y aquellos chicos cristianos se comieron los cadáveres de sus compañeros, muertos y helados en el exterior. Tomar la decisión de hacerlo fue un *shock* para ellos, igual que dar el primer bocado. Pero era eso o morir.

En las fotos de su rescate, se ve cómo los cadáveres devorados estaban junto a la zona donde se sentaban. Ya lo habían normalizado.

Sobrevivir es lo primero.

Nando convenció a su compañero Roberto Canessa para buscar una salida de aquel lugar y pedir ayuda.

Eso implicaba una ascensión temeraria a casi 5.000 metros de altura, sin el equipamiento apropiado, en un camino largo e incierto —fueron diez días de escarpada marcha— y lleno de peligros. Las probabilidades de fracasar y morir eran altísimas. De hecho, no sabían adónde iban.

Les guiaba una única motivación: salir de allí.

Según palabras de Nando, él no soportaba la idea de morir sin haber hecho algo. Quería volver con su padre para que supiese que no se había quedado solo (su hermana y su madre habían muerto en el accidente).

«Prefiero morir intentándolo», dijo, y lo consiguió.

El miedo a morir por no actuar le sacó de allí. Otros prefirieron esperar a ser rescatados.

Otra cosa curiosa de la vida de Nando es que, en una entrevista años más tarde, le preguntaron por qué posteriormente se había dedicado a participar en carreras de coches y de lanchas rápidas. Él contestó:

—La vida es demasiado corta para dejar de hacer algo que te gusta por temor a morirte. Solo el presente es real.

Puedo comprender ese impulso porque a mí me sucedió lo mismo. La idea de morir sin haber intentado salvarme por mis propios medios me aterrorizaba más que morir en el intento.

El miedo, la tensión, la angustia... son emociones que nos meten de lleno en la realidad, dando energía al presente. Gracias a ellas manejamos lo importante, decidimos qué vamos a hacer al respecto. Podemos paralizarnos, esperar o darles la bienvenida y entender su mensaje: si esto me angustia es porque es importante para mí.

En la aceptación no hay renuncia, hay voluntad de acción.

Mucha gente me pregunta si continúo haciendo surf y la respuesta es «sí». Me preguntan si he cambiado mucho y la respuesta es: «no tanto». Quieren saber si ahora me tomo la vida con calma y fluyo como un angelito asexuado, y la respuesta es «no».

Claro que han cambiado cosas. Siento una gran diferencia en mi vida, pero no por el hecho de haber rozado la muerte, sino por la reflexión posterior.

Lo único que he conseguido es aceptarme un poco más y mejor, sin tantas condiciones. Y no solo a mí mismo. También acepto el mundo de los humanos tal cual es. Me doy la oportunidad de participar en él sin juzgarme ni juzgar a los demás. Todos hacemos lo que sabemos y podemos en cada momento, hasta que desarrollamos un poco más de consciencia y volvemos a cambiar, y así continuamente.

Amar es mejor que enfrentar

La misma gente que te dice «enfrenta tu miedo», te habla de un lugar maravilloso al que llegarás si haces esto y no haces lo contrario.

En mi opinión, quien te habla de enfrentamiento es porque vive en guerra.

¿Cómo que «enfrenta tu miedo»? ¿Es que quieres pelea? ¿Crees que llegará un día en el que vencerás tu miedo y todo será maravilloso?

Yo no creo que sea tan simple.

Simplemente llegará la hora de despedirse de la vida y, en el último momento, haremos balance de la misma. Lo llaman «juicio final» y existe, ¡es verdad! Y tú eres tu propio juez implacable. Yo lo viví así. Las cosas agarradas al alma no se sueltan tan fácilmente si no se miran de frente y se aceptan.

Acepta tu imperfección y la del mundo. Solo así te puedes salvar, sin juicios de bien o mal. *Cesa la lucha, acepta, eso te liberará.*

Cuando alguien se te acerque intentando convencerte de cuál es el bando de los buenos y cuál el de los malos... ¡huye!

La doctora empatía

Helen Riess del Hospital General de Massachusetts, buque insignia de la Facultad de Medicina de Harvard, está especializada en la investigación científica de la empatía y las relaciones interpersonales.

Los estudios de esta doctora han demostrado que, cuando los médicos se muestran empáticos con sus pacientes, ambos se relajan y aumenta su sincronía biológica. Sus cuerpos y energías se reconocen y «bailan al unísono».

La paradoja es que a los médicos les han enseñado a desconectar sus emociones de las del paciente, así como de la situación que tienen que afrontar. Este autocontrol se basa en la necesidad de manejar situaciones muy difíciles a diario.

Los médicos aprenden a practicar la respiración profunda diafragmática y se les incita a observar la escena desde una «perspectiva más elevada». O sea, con una conciencia atenta, evitando reaccionar y observando desde fuera.

Me parece interesantísimo este dilema médico. Cómo tener empatía por el paciente sin llegar a involucrarte.

Tal vez si hiciéramos esto mismo, nuestra vida sería más fácil al ir a la oficina o a cualquier otro entorno complejo del que formemos parte.

Recuerdo que aquella primera noche en la playa, tiritando de frío y de dolor, ver que la oscuridad me envolvía no era muy alentador. Estaba tan agotado que dormitaba a ratos sin llegar a dormir profundamente.

En un momento entre el sueño y la vigilia, escuché que mi voz decía en voz alta: «Ayúdale, que le duele». Recuerdo que obedecí y recogí mi mano derecha de la arena, que palpitaba del dolor por la profunda laceración que la partía por la mitad.

Al mismo tiempo, abrí los ojos extrañado y pensé: «¿Cómo que «ayúdale»?». Es relativamente normal darse ánimos en segunda persona, del rollo: «Vamos, Álvaro, sigue» y cosas así, pero esa tercera persona —«ayúdale»— me hacía preguntarme: «¿A quién? ¿Y quién me está hablando?».

Quizá fuera un truco mental para separarme de lo penoso de la situación. Algo así como: «Yo me salgo y, desde fuera, te digo a ti que ayudes a tu cuerpo, que lo está pasando mal».

En todo caso, la situación me permitió entender que hay una forma de vernos externa a lo que pensamos y sentimos. Una mirada más objetiva para apoyarnos. Lo han llamado de muchas maneras; «espíritu» podría ser una de ellas.

OBSÉRVATE

Ante una situación intensa en la que necesites apoyo:

1. Imagina que das un paso a un lado y te observas desde fuera.
2. Date cuenta de lo que piensas, lo que sientes y lo que haces.
3. ¿Qué dice de ti lo que estás viendo como observador?

Este ejercicio es muy útil para entenderte, para ser objetivo y practicar la empatía contigo mismo y los demás, y te ayuda a darte cuenta de si actúas o no en coherencia con tus necesidades. Si andas persiguiendo objetivos, deseos, hábitos que no son una necesidad vital para ti, estarás dando la espalda a la persona más importante de tu vida, entretenido en metas superfluas.

A través de este ejercicio, eres el médico que observa los pensamientos y emociones que hacen sanar o enfermar al paciente, que a la vez eres tú mismo. Los budistas dicen que no eres eso que observas, sino que eres quien observa, y esta práctica te enseñará a tomar distancia entre el observador y lo observado.

Aceptación y gratitud

En un capítulo anterior te conté que estaba debajo del agua y me rendí. Me he preguntado mil veces qué pasó allí exactamente. No encontraba respuesta para ese momento trascendental de mi vida. Hasta que un día se hizo muy clara en mi mente: yo solo acepté que me iba a morir y di gracias por la vida que había vivido hasta ese momento, tal como te conté.

Después de eso mi cuerpo entró en una nueva etapa o salió del colapso en el que estaba. Las convulsiones cesaron; los gritos, la angustia, la mente, la percepción del tiempo, todo se detuvo. Fue un reinicio, un reseteo de mi cuerpo, de mi mente y energía.

Luego recuperé la compostura y seguí nadando, despacio, fluyendo con la corriente, hasta llegar a la orilla.

Gracias a esa experiencia, pude contemplar lo que realmente llevaba dentro: vacío y soledad. Y eso me llevó a comprender mi principal misión de vida: atender esa necesidad vital de compañía para neutralizar la soledad y por lo tanto el vacío. «Estoy aquí para ti, pase lo que pase».

Hablo de mí, conmigo mismo, no de mi relación con los demás.

Esa clase de empatía es la que me ha hecho ganar una vida de verdad. Una vez haces eso por ti, puedes ocuparte de los demás y del mundo, pero con algo de verdad que ofrecer.

Creo que esa es la manera de asomarnos a nuestra habilidad oculta, de la que vamos a hablar bastante en este libro.

Para ello, necesitas *aceptación* de la necesidad más profunda de tu alma, aquello que necesita ser escuchado y atendido.

Y también *gratitud* porque es la única forma de acceder a la verdad.

La vida es cruel, dolorosa, mágica, admirable y perfectamente imperfecta. Como tú, como yo, como todo el universo. ¡Gracias por darte cuenta!

Shoma Morita, que mi amigo Francesc Miralles siempre dice que fue el Viktor Frankl japonés, lo explicaba así:

«Ríndete a ti mismo. Empieza a tomar acción ahora, seas neurótico, imperfecto, procrastinador, malsano, holgazán o cualquier otra etiqueta que te hayas puesto injustamente para describirte. Ve adelante y sé la mejor persona imperfecta que puedas ser, y empieza a llevar a cabo todas esas cosas que quieres hacer antes de morir».

La función del médico la puedes aplicar contigo, siendo ambas partes tú mismo.

Tú (el paciente) vas a consulta por el dolor. Quieres que te escuchen con atención. Y tú (el médico) entiendes lo que necesita el paciente, pero no te puedes involucrar del todo con su angustia, ya que tienes que intervenir.

Ninguno de los dos necesita que, en medio de la operación, haya lamentos y sollozos; eso generaría errores que pueden ser fatales.

Vas a ver a tu médico porque hay algo que te duele mucho y necesitas opinión y apoyo profesional de la persona que mejor te conoce en tu vida.

Nota: acepta que el mundo es como es, el sistema, los demás, tú mismo. Acepta que no sabes nada, que apenas te escuchas y que solo aspiras a entender lo que de verdad necesitas. Da gracias porque estás vivo y sientes dolor. Luego ve al médico, siéntate en la acogedora penumbra de su consulta y cuéntale qué es lo que te duele. Seguro que cuando le hables de corazón, te revelará lo que necesitas.

....

PREGUNTAS A TU PACIENTE

Ahora que conozco y empatizo con el dolor fundamental de mi paciente, me comprometo a observarlo con objetividad y anotar sus síntomas para acompañarle con la mayor diligencia posible.

Para ayudarle, le plantearé las siguientes preguntas:

1. ¿Qué es lo que más te duele?
2. ¿Cuáles son los síntomas?
3. ¿Cómo se lo cuentas a los demás?

El acto mismo de escuchar tu necesidad profunda con empatía relaja tu mente, tu cuerpo y tus emociones.

El siguiente paso es la observación objetiva del relato. Como médico, registras el origen de la dolencia. Luego sus síntomas en la vida del paciente: la forma que tiene de mostrarse, cómo se relaciona, los precios que paga, etcétera. Por último, se acompaña al paciente para observar cómo se desenvuelve, sin implicarse en lo que pasa, sacando las emociones de lo que se escucha, hace o dice.

Purgatorio divino

Al mediodía de aquel primer día en la playa, yo tenía tanta sed que me estaba volviendo loco. Las películas en las que el tipo delira por el desierto no son nada exageradas; un cuerpo deshidratado vuelve loca la cabeza.

Para poner aquella aventura en un marco temporal, yo comencé mi caminata por las dunas sobre las 9 de la mañana. Antes de las 10 ya me había caído. Conseguí llegar a la playa a eso de las 12 o la 1.

Para esa hora ya había perdido abundante sangre, tragado mucha agua salada y hecho un gran esfuerzo. Con el sol en mi cabeza a unos 28 °C o más, a las 4 de la tarde creía que iba a morir de sed. Me arrastraba como un réptil enfermo, revisando cualquier bote que hubiese en la playa.

Hasta allí no llega nadie, así que solo había los restos que traen las mareas y que se quedan hasta el siguiente temporal. Recuerdo decir en voz alta: «Sabes que, como no beba hoy, mañana estaré acabado».

Caminar era imposible y reptar era muy complicado, ya que no podía utilizar la mano derecha. Resultaba muy doloroso porque todo lo que fuese poner presión en la cadera y pelvis era terrible. Pero oye, lo que en un primer momento te hace desmayar, pasadas unas horas puede ser soportable.

Caía el sol sobre las 8 de la tarde y, desesperado, ya imaginaba cómo iba a ser la noche sin beber. Y el milagro ocurrió.

Descubrí que una botella flotaba entre unas rocas cerca de mí. Parecía llena, aunque fuese difícil de creer. Tenía que comprobar si era de agua dulce o salada...

¡Bingo! Era agua dulce. Una botella de agua mineral de 550 cl, como las que venden en los aeropuertos, perfectamente precintada.

«¿Cómo puede haber llegado hasta aquí?», me preguntaba alucinado. «Debo de tener un ángel de la guarda».

Justo cuando pensaba eso, te lo prometo por lo más sagrado de mi vida, vi una pluma blanca caer en zigzag desde el acantilado, a escasos metros delante de mí.

Me puse a reír como un loco, pensando en la broma divina que me estaban gastando. A ver, también vi a un pescador y le estuve gritando para que me sacase de allí... Obviamente no existía, era una alucinación.

El misterio de la botella se resolverá un poco más adelante, todavía no te lo voy a contar.

¿Qué crees tú que pasó allí?
¿Tenemos un ángel de la guarda?

Los humanos necesitamos creer en algo más grande que nosotros, algo que otorgue algún sentido a todo este embrollo. Pero ¿y si es verdad que hay un orden universal, una energía consciente con un plan en curso, una evolución lógica de los acontecimientos, un objetivo divino?

Sería verdaderamente maravilloso. Quiero pensar que es así, pero me siento cómodo también con la posibilidad de que sea un cuento chino.

Lo prometido es deuda, ahí va la solución del misterio:

Cuando me rescataron y me llevaron al hospital, una tarde que estaba rodeado de amigos, se abrió un poco la puerta y una persona charló con mi amiga Ana, que estaba apoyada junto a la entrada de la habitación.

Cuando terminó de hablarle, el señor se marchó.

Ana gritó:

—¡Eh, a callar! No sabéis lo que me acaba de contar este hombre. Me dice que ha leído en el periódico lo de la botella de agua que encontraste para beber... y al parecer hace unos días él fue a pescar por esa zona. Se trata de un lugar de difícil acceso y además, en esa costa, el mar es tan bravo que pocas veces se puede bajar al agua. Se metió a pescar con un fusil submarino, cosa que está prohibida. Él recuerda que tenía dos botellas de agua en la cesta que lleva flotando para meter la pesca. Cuando se fijó, de repente solo quedaba una. Dedujo que una ola había empujado una de las botellas fuera de la cesta.

¡Tachán! Ahí tienes a mi ángel de la guarda. ¿Y ahora qué piensas? ¿Casualidad o intervención divina?

UN POCO DE SÍNTESIS

- Todo ser humano necesita ser aceptado por el grupo, de ahí viene el pánico al rechazo.
- Nuestras carencias esconden nuestras habilidades ocultas. Debemos gran parte de lo que somos a aquello que sentimos que nos falta.
- Aquello que te angustia es importante para ti y, por lo tanto, merece ser hecho.
- No se trata de «enfrentar» tus miedos, sino de escuchar su mensaje.

- Necesitas aceptar la necesidad profunda de tu alma y, a su vez, agradecer lo que ya eres y tienes.
- Cuando ejerces de observador, te conviertes en médico de ti mismo.
- Hay pequeños —o no tan pequeños— milagros que nos hacen pensar en un ángel de la guarda.

6. El deseo como impulsor

Cómo el equilibrio entre temor y deseo influye en nuestra vida

En el famoso estudio de los años setenta conocido como el Test de las Golosinas, llevado a cabo por Walter Mischel en la Universidad de Stanford, se dejaba a niños de cuatro años solos en un aula frente a una golosina de su elección. Se les comunica que van a dejarlos solos quince minutos y que podrán elegir entre comer la golosina inmediatamente o esperar a que alguien volviese, y entonces les darían dos.

El experimento demostró que los niños que resistieron la tentación de comerse la golosina tenían más capacidad de atención y mayor fuerza de voluntad, al ser capaces de enfocarse en otra cosa que no fuera su deseo. Para lograrlo, los pequeños se inventaban juegos y conseguían distraerse de forma intencionada; así lograron resistirse a la tentación.

Los que se enfocaban en la golosina, sucumbían enseguida al impulso.

Se han hecho más estudios de este tipo para validar la idea de que las personas capaces de aplazar la recompensa suelen tener más éxito en la vida.

En Nueva Zelanda siguieron durante décadas a unos mil niños de una misma ciudad. Los niños, adolescentes y luego adultos que habían retrasado la recompensa demostraron más autocontrol, además de tener mejor salud y mayor éxito financiero y profesional. También se metían en menos líos en general.

Lo único que yo me preguntaría es si estas personas también eran más obedientes en general. Está claro que así «se triunfa», pero en el otro extremo estaría Osho, que decía: «Estar demasiado adaptado a un sistema enfermo no es muy sano».

Yo creo que me habría comido la golosina. ¿Quién me dice a mí que ese señor va a volver luego y cumplirá su palabra?

Deseos y necesidades

En mi vida me ha costado mucho centrarme en mi faceta de formador y *coach*. Durante mucho tiempo pensé que era una actividad extra. Mi negocio es otro, pensaba.

Pero no se puede hacer nada a medias, esa es mi conclusión. Cada vez que me llamaban para una conferencia, me sentía feliz por haber sido elegido. Sin embargo, cuando me ponía ante el público, los nervios aparecían y yo dejaba de entender por qué me exponía a contar mi historia ante tanta gente.

Me sentía un impostor. Con todo, al terminar se me acercaba la gente y me decían que les había encantado, que les había hecho pensar en su vida y cómo afrontar sus problemas. Entonces me sentía muy orgulloso.

En menor medida, hoy me sigue pasando lo mismo y me gustaría que no fuese así. Me gustaría disfrutar el proceso, conectar conmigo y con los demás desde la calma, aunque a veces también desde el temor.

Pero ¿acaso no es la vida un baile perpetuo entre deseo y temor?

¿Acaso no es normal temer que lo que más deseo no ocurra o deje de ocurrir?

Me doy cuenta de que cada vez que nos ponemos una meta y la cumplimos, pinchamos en otra. Nuestra vida se va compensando y descompensando en un baile perfecto. Hay gente que es muy disciplinada y consigue sus objetivos, pero ¿hay alguien que los cumpla todos? ¡Lo dudo!

Quizá deberíamos diferenciar entre deseos y necesidades y, entre estas últimas, quedarnos solo con aquellas que supongan un reto para avanzar en nuestra vida.

¿Cómo averiguar cuáles son?

En mi opinión, somos una única energía que se ramifica en dos:

1. *Amor.* Aquello que consigo, lo que me resulta fácil y natural.
2. *Miedo.* Lo que no consigo, lo difícil, la amenaza.

La dinámica entre los dos es una lucha entre la voz del gemelo guapo vs la del gemelo feo. «*Dedícate a esto que te encanta, eres bueno, sigue tu pasión*» *versus* «*Quítate eso de la cabeza, no vales para eso*».

El problema es que tu gemelo feo va cargado de anfetaminas y con un megáfono, recordándote lo inútil que eres. Somos una entidad insatisfecha por naturaleza y lo que necesitamos es ponernos las cosas un poco más fáciles, porque de la insatisfacción venimos, y muertos por ella acabaremos.

Tu *bucket list*

La lista de deseos solo vale para estar entretenido intentándolo o distraído evitándola. De hecho, corremos más riesgo de morir asfixiados por excesivas autoexigencias que por no cumplir nuestros anhelos.

Puede que nuestro camino sea aceptar nuestra vida tal cual es y disminuir la lista de deseos. Una vez más, hay que centrarse en lo que está en mi mano hacer y es realmente importante.

En este capítulo quiero exponer que la voz del gemelo guapo (Instagram en estado puro) también es traicionera, y te hace perseguir «golosinas» continuamente.

Una amiga me contó que un día estaba aburrida en la cocina contemplando una hormiga. «Entonces le puse un poquito de azúcar para ver si se la comía». «Después de comer un rato, la hormiga se fue a contarle a las demás el festín que se había dado, pero entonces yo tomé un trapo y limpié el azúcar».

Le pregunté por qué lo había hecho y me dijo: «Porque cuando vuelva con las demás hormigas, quedará como una perra mentirosa».

No sé si esta historia tiene moraleja, pero a mí me entró una risa nerviosa. Admito que desde entonces no miro a mi amiga con los mismos ojos.

La mayoría de los deseos implican buscar el placer, la propia imagen, lo apasionante, haciendo hincapié siempre en lo que te falta. O sea, que las voces de ambos gemelos, aunque parezcan aparentemente opuestas, en realidad llevan a lo mismo: «Dedícate a esto, persigue lo bonito, porque lo otro es horrible y no merece la pena».

No obstante, si quieres evolucionar, no siempre lo conseguirás desarrollando solo lo que se te da bien. Me explico: no por obtener continuas recompensas por una actividad que se te da bien vas a ser más feliz o más completo.

¿Cuántos cantantes, actores o millonarios se sienten miserables en el fondo, pese a haber desarrollado su talento al máximo y ser premiados por ello?

¿Me como la golosina, que es lo que me gusta? ¿Subo una foto más a Instagram para obtener más comentarios y *likes*?

Nada de eso te llevará a encontrar el significado de tu vida, que a menudo se encuentra en partes más sombrías de la propia realidad.

Quizá el drama asociado a contar mi historia me fuerza a profundizar en el sentido de mi vida, y no tiene que ser necesariamente calmado y cómodo hablar de temas trascendentales.

Cuando simplificas tu lista de deseos, te queda lo verdaderamente importante, lo esencial.

Ya hemos visto que el miedo se manifiesta de muchas maneras: la amenaza, lo que no entiendo, lo difícil... Y afrontar ese miedo es el pasaporte para ser más fuertes, mejores. Todo empieza averiguando qué es lo que me debilita. Si tengo un punto débil y encima lo desconozco, lo normal es caer por ahí.

Te invito a que hagas una declaración como la que sigue:

«Yo, ... (aquí pon tu nombre), acepto que soy un ser imperfecto que por mucho tiempo negó su necesidad de comunicación, cercanía y cariño a los demás y a sí mismo. En el pasado, esa distancia me dolió tanto que llegué a perderme. Quizá nunca encontraré una explicación razonable a todo este autocastigo, pero acepto lo que he sentido. Merezco vivir y realizarme, aunque no haya cumplido las expectativas de mi entorno ni las mías propias. Merezco vivir asumiendo que la felicidad, la conexión y el amor son como las estaciones del año, pasajeras; siempre vuelven. Mi reto es perseverar en la conexión conmigo y con los demás, abrazar los misterios de la vida. Voy a seguir escribiendo este libro para acompañarte en el camino, eso da sentido a mi vida. Eso es lo que necesito».

¿Qué te escribes a ti mismo en este momento de tu vida?
¿De dónde viene tu dolor?
¿Qué debes aceptar?

Bendita playa

Vas a volver a la excursión por Fuerteventura que visualizaste como ejercicio, pero en una variante diferente. Has perdido de vista al grupo y ahora andas solo caminando por el desierto. Miras hacia atrás y solo ves tus huellas en la arena, señalando el camino recorrido. Hacia delante solo hay desierto y una nube de polvo acercándose a ti.

Continúas con paso incierto en medio de una tormenta de arena.

En un momento dado, das un traspiés y resbalas por un acantilado. Caes al vacío hasta aterrizar sobre la arena. Ruedas cuesta abajo perdiendo el sentido de la orientación.

Cuando te detienes y la tormenta de arena pasa, te das cuenta de que estás solo, en una playa inhóspita.

Va pasando el tiempo, demasiado, y no consigues salir de esa playa cerrada. Transcurren los días y te sientes realmente cansado, sediento y desesperado.

Cierra los ojos para imaginar la situación. Antes, si quieres, puedes relajarte a través de la respiración como aprendimos en un capítulo anterior.

Volviendo a la escena, ahora estás recostado en la roca que te sirve de respaldo, contemplando un melancólico atardecer que te recuerda la belleza de la vida y también la noche que se acerca. El mar infinito ahora sostiene medio disco naranja cortado por la línea del horizonte.

Tomas una decisión: mañana, en tu tercer día varado en la playa, saldrás de esta penosa situación por tus propios medios. Sabes que vas a tener que mojarte, meterte en el mar y nadar lo imposible.

Antes de intentar la gesta, recuerda un momento del pasado en el que te sentiste muy querido. Cierra los ojos y deja que esa escena venga, sintiendo todos sus detalles.

Luego te viene a la mente una situación en la que te sentiste seguro. ¿Qué estaba pasando? Revive esa sensación con intensidad. Permítete prolongar todo lo que puedas esa emoción.

A continuación, viene a tu mente un logro que te hizo sentir muy orgulloso.

Siente cómo esos tres momentos se mezclan en tu mente: amor, seguridad y orgullo. Cierra los ojos y percibe cómo esas sensaciones llenan tu pecho, agrandándolo con cada respiración, hinchando tu cuerpo con una energía amorosa llena de posibilidades.

Quieres volver a tu vida. Para reforzar ese deseo, cierra los ojos para imaginar y sentir una escena futura que dibuja una sonrisa en tu rostro.

¿Qué estás haciendo?
¿Con quién estás?
¿Quién eres en esa escena?

Visualiza y siente profundamente esta escena desde el centro de tu pecho. Tu sonrisa ahora se dibuja no solo en tu cara, sino también en tu corazón. Te sientes animado y lleno de energía. Sientes el coraje necesario que te permitirá hacer lo necesario para volver a tu vida y revivir ese momento futuro, como esa persona que ya eres en potencia.

Ahora ya sabes que te vas a mojar. Vas a nadar y a hacer cualquier cosa para volver a tu vida. Con la mano en el pecho, buscando tus latidos y tu presencia, te haces «la promesa»:

Pase lo que pase voy a estar contigo.
Pase lo que pase estoy aquí para ti.

Sin plan B

Generar una visión clara y potente de lo que quieres es cuestión de muerte y vida. Y no he invertido los dos términos por error. Como decía Pablo Neruda: «Si nada nos salva de la muerte, al menos que el amor nos salve de la vida».

La energía de tus deseos te impulsará hacia el cambio si persigues y evocas mentalmente una visión cargada de significado para ti.

¿Cómo vas a navegar tu vida sin un destino señalado en el mapa? El riesgo de ir sin rumbo es que atracarás en cualquier puerto —a ver qué hay para mí ahí—, fondeando en caladeros de aburridos burócratas, de comerciantes sin escrúpulos, en el país de Nunca Jamás o en una isla esclavista, o simplemente navegarás a la deriva, sin arribar a tierra firme.

Es necesario meter las coordenadas en tu GPS personal.

Mi puerto de destino es esa visión de mi vida en la que soy y siento de esta manera. *Imagen + emoción, así se graban las coordenadas en el GPS.* Ese es el lenguaje de nuestro sistema de navegación (el inconsciente).

Esta visión me sacó de aquella playa. Tras ser rescatado, estaba por fin en el hospital. Me sentía a salvo. Tenía el cuerpo vendado y a todos mis amigos alrededor. A los pies de mi cama estaba sentada aquella persona con la que necesitaba disculparme. El paraíso al que había llegado se culminaba con un vaso de Aquarius con hielo en la mesilla junto a la cama, algo por lo que había suspirado en mis momentos de delirio.

Me sentía seguro, cuidado y en compañía.

Pero, por encima de todo, estaba yo. Mi punto de vista se había expandido. Me veía a veces desde dentro y a veces desde fuera. Mi propia compañía me agradaba, me sentía escuchado con paciencia y cariño. No necesitaba hacer nada para merecer eso, solo conservar esa actitud de conexión.

Pero veamos ahora cómo llegué ahí.

Aquella mañana del tercer día tras mi caída, tardé horas en calentarme y reunir valor para arrastrarme hacia la orilla donde las olas lamían la arena. Mi gran desafío era nadar entre 5 y 10 km hasta encontrar un lugar con posibilidades de salir a tierra y encontrar a gente.

Meterme en el mar me horrorizaba, pero todavía tenía fuerzas para intentarlo. Había conectado con algo valioso que alentaba mi corazón… hasta que apareció el maldito gemelo feo:

«Es imposible nadar todo eso en las condiciones en las que estás. Además, la hipotermia está garantizada en solo un par de horas. Sabes que es un viaje solo de ida, te vas a ahogar».

El gemelo feo, vocero del propio miedo que me frenaba, era a la vez mi oportunidad.

Si siento tanto miedo es porque esta elección
esconde algo valioso para mí.

Eso, en cierta forma, simplificaba mi decisión. Así que comencé la negociación con el gemelo feo, que fue algo así:

—Voy a meterme en el mar.

—Tú verás...

—No te digo que no me impresione... El mero contacto con el agua me repele.

—Y luego, ¿dónde crees que vas a ir? Cuando te sientas flotar, quizá aguantes un rato, pero pronto te volverás pesado, te cansarás y te ahogarás.

—No digo que no, es el riesgo. Pero ahora solo pienso en este primer paso. Luego en la primera brazada. Punto.

—Vale, inténtalo si te atreves.

—Mira, quiero que me acompañes y me recuerdes lo difícil que es el camino. Yo solo quiero tenerte a mi lado, verte y hablarte.

—Desde luego que voy a estar a tu lado.

—Ya me he metido en el agua. De momento, floto. ¿Ves que doy una brazada y luego otra? Ahora la siguiente. Y ahora otra...

—¿Para ir adónde?

—Lo tengo muy claro. Sé adónde voy.

—¿Ah, sí?

—Pues mira, tú me lo estás poniendo muy fácil. Por eso quería tenerte a mi lado. Porque, cuanto más insistes para que no haga algo, eso significa que es muy importante para mí.

—¡Pues vaya un plan!

—Eres la única referencia fiable que tengo, mi ruido mental. Si te creo, me debilitaré y empezaré a sentir dudas. El cuerpo comenzará a bloquearse por los nervios.

—Yo lo hago por tu bien.

—Ya lo sé, por eso te escucho y decido seguir.

—¿Me lo explicas?

—Se trata de volver a mi vida para darme cuidado y comprensión, a los dos, a mí y a ti.

—¡Pero si soy yo el que cuida de ti!

—Te equivocas. Antes me asustaba y me enfadaba al escucharte. Ahora te acepto tal como eres, un compañero de vida.

—No tiene sentido lo que dices. ¡Eres un irresponsable!

—Ahora doy esta brazada.

—Te estás cansando, vuelve ya.

—Ahora doy esta otra brazada, y ahora esta...

Te puedo asegurar que el proceso no fue nada fácil. Había momentos en los que miraba la costa y quería regresar. Te juro que, en esos instantes de duda, mi cuerpo se volvía más pesado.

Me hundía. Literalmente mi centro de flotación bajaba.

Solo cuando volvía a la rutina y me decía: «Sé cuál es mi destino, pero ahora solo tengo tiempo para concentrarme en la siguiente brazada, y sí, ya te he oído que no lo voy a conseguir, pero voy a dar la siguiente brazada», el plan funcionaba y volvía a flotar.

Al contarle a deportistas o médicos este trance, me han dado la siguiente explicación: cuando tenemos ansiedad, la circulación de la sangre se ralentiza; de hecho, cambia la química entera del organismo y perdemos facultades psicomotoras.

Eso me recuerda a este fragmento de un libro de Miguel Delibes:

«—Dime, ¿por qué si uno sabe nadar flota sin moverse y cuando no sabe se hunde?

—El miedo pesa, hijo».

En aquella aventura desesperada pude comprobar hasta qué punto es cierto lo que leemos en este pasaje de *La partida*.

No he contado que, gracias a la red abandonada de un pescador, que fui deshaciendo con unas piedras, me entablillé el brazo derecho y me construí una mano-remo. De otro modo no la habría podido usar. También utilicé un trozo grande de corcho para atarlo a mi cadera y piernas para que flotaran, ya que, total, no las podía utilizar.

Las cosas que la marea llevó a esa playa inaccesible me facilitaron muchísimo la travesía. Vaya, que la basura me salvó la vida.

Volviendo al fragmento de Delibes, solo con dudar de mi plan inicial mi cuerpo se volvía más pesado y me hundía. Y eso es aplicable a cualquier ámbito de la vida.

Imagínate la cantidad de veces que dudamos de una decisión que hemos tomado y optamos por ceder.

En tu vida no puede haber un plan B, solo un plan A.

Por eso es fundamental tener claras tus prioridades y decidir qué rumbo tomar. El destino final solo puede ser el encuentro contigo mismo.

El miedo a terminar tu vida sin haber completado tu misión es la mejor guía. Eso te permitirá distinguir entre deseos y necesidad vital. Y en el camino las dudas son bien recibidas, ya que reafirman tu proceso. No luches, solo acéptalas y abrázalas. Es la manera de descubrir tu habilidad oculta.

Volviendo a mi epopeya en el mar, continué nadando y nadando hacia el horizonte. Más de una vez pensé que era el fin y estuve tentado de rendirme, pero algo muy poderoso dentro de mí me pedía que siguiera una brazada más.

Hasta que vi una manchita en el horizonte marino.

Mi único pensamiento fue: «Ojalá sea un barco».

En medio de esa esperanza, algo perturbó mi natación al detectar una sombra enorme que se deslizaba, al acecho, desde las profundidades donde yo estaba.

Esto interrumpió momentáneamente mi concentración para sumirme en un caos angustioso. Estaba claro que la sombra me seguía. Yo era su objetivo.

Aterrorizado, no quería ni meter la cabeza para mirar de qué se trataba. Con la mirada puesta en el cielo, buscaba la intervención divina.

Y lo más extraño aconteció.

Una luz blanca giratoria se acercaba a gran velocidad hacia mi posición. Yo luchaba al límite por mantenerme a flote. Ya sin fuerzas, comencé a ceder por segundos. Un velo de agua y burbujas me separaban de la superficie.

Un objeto metálico enorme se posicionó sobre mí, dejándome bajo su sombra. Tras un último aliento desesperado, solté todo el aire de mis pulmones y empecé a hundirme.

Allá arriba, una compuerta se abrió y un deslumbrante haz de luz atravesó el agua. Entonces sentí que un brazo mecánico me izaba. No recuerdo nada más.

Bueno, sí, el momento siguiente, al recuperar el sentido.

Estaba tendido en una cubierta metálica y unos seres verdes de grandes ojos me miraban en círculo. Entonces comprendí... Me habían abducido. Esos seres me quieren convertir en caballero Jedi, soy el elegido.

Podéis llamarme Luke Ocean Walker ;-).

Estás flipando, ¿eh? Es lo que tiene escribir sobre cosas serias y que duelen, que uno intenta evadirse por momentos y ponerle humor.

Como un vecino que me contaba que él no era religioso, pero, cuando murió su mejor amigo, rezó para que se reencarnara y así volver a gozar de su compañía en esta vida. Seis meses después, nació su hijo y me dijo:

—Es idéntico a mi mejor amigo. ¡Los milagros existen!

Volviendo a mi historia, era cierto que había un barco allá, en el horizonte. No era una alucinación. Estaba a cierta distancia, así que intenté llamar su atención, pero no podía gritar. La poca energía que me quedaba estaba concentrada en mis brazos. Tuve que llevarla conscientemente a mis pulmones para silbar.

Es una pasada lo que un humano enfocado puede llegar a hacer. Y cuando haces eso por ti mismo, el mundo siempre viene a ayudarte.

Me rescataron (no los del OVNI, los de la barca) y, tras subir mi cuerpo a bordo, me dijeron que habían visto un tiburón martillo de unos 2 metros nadando en mi dirección. Que yo estuviera semidesnudo y con las heridas abiertas debía de ser toda una tentación.

En fin, para tu amargura, el tiburón no te ha librado de este guía empeñado en torturarte con preguntas incómodas:

¿Cuál es tu plan A?
Y ¿a qué plan B renuncias?

El semáforo de la cordura

Te recuerdo que aquí la persona importante eres tú, y no hay fórmulas que sirvan igual para todo el mundo. Yo solo puedo guiarte por un camino que he transitado. En todo caso, lo habitual en el viaje del héroe es que las dudas aparezcan cuando uno se ve forzado a salir de su zona de confort.

Piensa en Neo, de *Matrix*, o en Frodo, de *El Señor de los Anillos*. No querían salir de su zona de confort, aunque en el fondo estaban incómodos en ella. Algo les faltaba. Entonces llega alguien (el guía) que les habla de otras posibilidades, de otro mundo lleno de promesas, pero donde tendrán que afrontar pruebas, que les pondrán al límite. No obstante, una vez crucen el umbral y vean lo que llevan dentro, seguirán hasta conseguir su objetivo. Luego volverán a casa transformados.

Así es, muy resumido, el viaje del héroe común a tantas historias —reales o de ficción—, tal como lo planteó el antropólogo estadounidense Joseph Campbell.

En *El Señor de los Anillos*, Frodo tiene como guía a Gandalf y de ayudante a Sam. También tienen a Gollum, que era un hobbit al cual el anillo de poder transformó en una criatura obsesiva y recelosa, atrofiando su cordura hasta convertirle en el ser esquizoide, de personalidad múltiple.

Se parece un poco a tu gemelo feo, ¿no crees?

Como adulto que eres, ha llegado el momento en el que debes decidir si tu semáforo está en rojo y no quieres seguir adelante, o si parpadea en ámbar y aceleras o frenas. En verde no lo vas a encontrar en este viaje, te lo aseguro. Sería demasiado fácil y la transformación generalmente implica dolor.

Quizá hay que sincerarse aún más. Se atribuye a Einstein aquello de que la locura es hacer las mismas cosas y esperar un resultado diferente. Yo te recomiendo algo mucho más lógico y fácil: hazte astronauta y llévate tus problemas a la luna, allí tienen menos gravedad ;-).

Esta es la etapa del reto, y mi obligación es empujarte y empoderarte. Tu guía es humano e imperfecto, ¡claro!, pero es lo que corresponde en un mundo imperfecto y fascinante.

Una pregunta que me suele hacer la gente en las conferencias y talleres es si ya no tengo miedo y vivo en paz. Yo suelo responder que por supuesto, que ahora levito un metro por encima del suelo y duermo en una nube.

Los humanos solo hemos conseguido validar una ley que se cumple en todo el universo conocido: «Todo es cambio, nada permanece», como decía Heráclito. Por lo tanto, como ciudadano universal, mi única estrategia útil será adaptarme al cambio. Como nadie sabe lo que vendrá, solo puedo aspirar a adaptarme a lo que me ocurra a mí ante los cambios, es decir, qué me pasa con lo que está pasando. En palabras del filósofo danés Søren Kierkegaard:

«La vida no es un problema que tiene que ser resuelto, sino una realidad que debe ser experimentada».

Asumo que la vida está llena de cambios que me generarán incertidumbre, pero si estoy bien acompañado —por mí mismo— encontraré la manera de afrontarlos. Para ello debes confiar en que allí delante hay algo para ti, aunque no tengas garantías. *¿Te atreves?*

Levadura para hacer pan

A medida que completamos etapas en nuestro viaje, nos damos cuenta de que a veces el deseo original se transmuta en un objetivo distinto, con más matices, o incluso con un rumbo diferente. El destino es algo que se reformula, siempre ofreciendo una nueva ruta, un nuevo esquema. Es un proceso de continua transformación.

Ahora que hemos definido los ingredientes del cambio, tenemos ya la base con la que hacer la masa. Es el momento de elaborar el primer pan. No podemos vivir únicamente de reflexiones, hay que ponerlas en práctica de alguna manera.

Yo tuve casi que perder la vida para entender por qué deseaba volver a ella. En el viaje del héroe, tras completar su aventura y descubrir nuevas posibilidades, nuestro protagonista vuelve a casa cansado y renovado. Luego viene la realidad, que no es moco de pavo.

Pasan los meses y te recuperas de las lesiones. Ya no eres noticia. Tu vida es la misma, ¿y ahora qué? Vives un tiempo de plenitud, gozas de todo, pero inevitablemente la rutina vuelve a llamar a tu puerta.

En mi caso, esa insatisfacción vital volvió aún con más intensidad que antes. Y con ella la culpa. ¡Con lo que has pasado y ya estás así otra vez! (Mi gemelo feo en pleno furor). Tras la autocrítica llegó la tristeza.

Mi negocio murió en cuestión de meses por causas naturales; el *software* se había quedado obsoleto, y un hotel que gestionaba también, porque los resultados habían sido tan buenos que el dueño lo vendió al terminar el tercer año, cuando finalizó mi contrato de gestión.

Al parecer, la vida se encargaba de abrirme la puerta una vez más.

Sin pretenderlo, me sumergí en el mundo del desarrollo personal. Un día, una profesora amiga me pidió que hablase a sus chavales. «Les vendrá muy bien», me dijo.

Todos mis terrores aparecieron solo con pensar en enfrentarme a aquel público. Sentía que podía apoyar a los chicos y de alguna manera quería hacerlo. «¿No te quejabas que de adolescente nadie te hablaba con sinceridad?», me decía. «¡Pues venga!».

Y fue solo el inicio. Un grupo de chavales tras otro hasta llegar de rebote a mi profesión actual como conferenciante y formador.

Mi voluntariado sigue siendo hablar con los chavales. Me impresionan más que los adultos, ya que si no eres auténtico te calan enseguida. Pero si conectas con ellos, pronto te sientes arropado por su cercanía y también por sus dudas.

Después de un tiempo visitando escuelas, un amigo me dijo que las empresas me podían pagar por aquello que hacía con los chavales.

Dar conferencias no es tan distinto a hacer de panadero. Al final, se trata de abrir el horno y probar. El primer pan saldrá como un churro, pero habrá que seguir horneando, ¿no crees?

Ya, pero yo quiero la golosina

Para resumir este proceso, se podría decir que necesitamos una visión para nuestra vida, un puerto desde el que poner rumbo hacia ese destino. Ese puerto se traduce en una emoción potente, una imagen de apoyo y una idea asociada. La misión es el viaje hacia esa visión, y a lo largo del trayecto necesitaremos definir por qué vamos a ir hasta allí y cómo. Los objetivos son las etapas que tienes que completar para recorrer el camino.

Mis objetivos concretos son: seguir el voluntariado con los chavales; promocionar mis talleres y conferencias para equipos de empresas; seguir formándome; escribir; meditar; meterme en mi querido océano. ¡Y que el *lobby* de las cerveceras convenza a los médicos de que es una sustancia alquímica!

No te voy a engañar, mi visión a veces es algo borrosa (no por las cervezas, ¿vale?), pero es recurrente y surge cuando menos lo espero. Sé que viene de antiguo. Elijo que signifique algo importante, así de sencillo. También temo no cumplirla, por eso sé que es importante para mí.

Ama tu miedo y ayudarás a otros con tu ejemplo.

Si tu visión es encontrar el amor, tu misión será recorrer un camino amoroso hasta ese lugar. Imagina y siente una escena cargada de significado amoroso. Ahora imagina una situación que te recuerde por qué no mereces ser amado. Identificar esas situaciones y argumentos te puede ayudar a entender por qué no estás disponible (para el amor). Solo así podrás corregirlas y darte oportunidades de aceptarte.

Este es un primer paso importante. Y, sobre todo, atención a tus temores, excusas y opiniones, ya que son la clave de este asunto.

Ama tu temor a no ser suficiente. Si puedes amar incluso el temor de que algo no ocurra, imagínate la fuerza con la que lo deseas. Date cuenta de que esa energía está muy viva en ti; precisamente porque la temes, por eso sabes que estás lleno de amor. La energía se reconoce en los extremos. Y también por afinidad. Así que entiende los extremos y emite energía afín para que otros la puedan captar.

Si temes lo que está por venir, tienes ansiedad por el futuro. Podrías rememorar una escena reconfortante del pasado para usar esa energía y proyectarla en un tiempo venidero, cargada de significado y emoción.

La mente inconsciente no entiende de tiempo. Si lo repites mucho, se lo creerá. El futuro no existe, en realidad, todo es un eterno presente.

Te vendrá bien que tus objetivos sean vivir más en el presente, atajando el exceso de pensamientos sobre el futuro, utilizando la respiración y el cuerpo para estar presente en el ahora.

También podrías contemplar el peor de tus temores futuros, y no para darle mente, sino para sentarte a observar y familiarizarte con ese temor. Atrévete a sentir el final con todas sus consecuencias. Lo conocido impresiona menos.

Este libro trata de no discriminar la energía del miedo. No hemos llegado hasta aquí para repetir el mantra de «céntrate en lo que deseas, confía y se te concederá». Si hemos recorrido este arduo trayecto es para entender que en la vida todo tiene un precio. El precio de desear mucho algo se paga con el temor a no conseguirlo o a perderlo. Cuando no reconocemos esa energía y la negamos, nos suele ganar la partida y nos paraliza. La famosa parálisis por análisis. Es no arriesgarse por temor al resultado o por nuestras creencias limitantes.

Amar es aceptar, no querer modificar.

La brújula del emprendedor

Jeff Bezos, el fundador de Amazon, afirmaba: «Uno de los errores más grandes que comete la gente es forzar su interés en algo. Uno no elige sus pasiones; las pasiones nos eligen a nosotros».

Me parece un pensamiento muy lúcido.

Algunos dicen que las cosas importantes de la vida son gratis. Es de suponer que se refieren al tiempo y al amor que puedes disfrutar con la familia, la pareja y los amigos.

Personalmente, creo que sí que hay un precio que pagar; por ejemplo, si los pierdes. ¿Acaso no te expones al dolor, en caso de divorcio o si te dejan de lado tus amigos? Ni que decir tiene la pérdida de tus familiares.

Si juegas al amor, hay un riesgo siempre. Por eso, si juegas al amor, será mejor que abraces tu miedo. Si vives intensamente, generas valor en tu vida, pero también te arriesgas a perder mucho. Igual que si ganas millones los puedes perder. Por eso los ricos están tan empeñados en conservar lo que tienen. Harían lo que hiciera falta para no perderlo.

Los budistas dicen que es mejor no tener demasiado, ni desear mucho, porque eso inevitablemente te expone a mucho dolor.

Tanto para el amor como para el resto de cosas de la vida hay que pagar un precio. Trabajar, emprender, comprar, vender…; todo ello requiere esfuerzo, tiempo, decisión y riesgo.

Hay una frase muy de moda: «Trabaja en aquello que te apasiona». Pero ojo: si trabajas en lo que te apasiona y ganas dinero con ello, se convierte en un trabajo y, por lo tanto, en una obligación. En cambio, si haces lo que te apasiona y no cobras, es un *hobby*.

Personalmente, no quiero trabajar en mis *hobbies*, ya que dejarían de serlo.

Todo lo demás es una venta. La ropa que llevamos, la imagen que queremos transmitir, nuestras opiniones e ideas, los servicios que ofrecemos, etcétera. Incluso si eres un artista o escritor, aspiras a que alguien se interese por tu obra.

Quizá algún escritor diga: «Yo escribiría, aunque nadie lo leyera. Ya, pero ¿cuánto tiempo dedicarías a ello? Si no te pagan, es un *hobby*. Si nadie lo lee, es un diario o algo similar. Y dado que escribir es un medio para expresar lo que llevamos dentro, la insatisfacción con mi mundo es lo que hace que yo quiera plasmar ideas, contar historias graciosas, teorizar, inventar personajes, etcétera.

Como dice mi mentor Francesc Miralles, si te gustaría leer un libro que todavía no se ha escrito, escríbelo. O sea, que mi mundo no está completo si falta ese libro. Necesito satisfacer esa carencia para mejorar el mundo, mi mundo.

Y ahora llegamos al meollo de la cuestión: *si pretendes vender, será mejor que esa venta represente algo vital para ti.* Ese acto tiene que resolver tu gran problema existencial o tu gran dificultad. Solo así te puedes obsesionar con sacarlo adelante, por pura supervivencia existencial.

Emprender es arduo y laborioso; se necesita mucha energía, pero el premio es grande.

Quizá pienses que hay muchos tipos de profesiones y negocios, y que no todas tienen que satisfacer una necesidad vital. Por ejemplo, no se te va la vida en comprar unas carteras en Alibaba y venderlas en Europa por Amazon. Quizá solo lo haces para ganar un poco de dinero.

Vale, pero entonces ¿cuándo te ocupas de tu necesidad real? Si tienes que dormir 8 horas, trabajar 8 horas (si emprendes son bastantes más) y luego has de ocuparte de las necesidades básicas de la vida... ¿cómo se hace? La respuesta es que dejas de hacerlo.

Al emprender en serio solo te ocupas de tus necesidades existenciales y sobrevives, que ya es bastante.

Por eso, el objetivo no puede ser solo el dinero. Primero tendrás que venderte a ti mismo un motivo por el que estás haciendo todo eso.

«Para sobrevivir», ok, eso es un comienzo, como el de cualquier otro organismo vivo, pero queremos ir un paso más allá. Necesitas algo que te rescate en los momentos malos, que te inspire en los cotidianos y te incite a superarte ante los retos.

En mi vida, he hecho buenos negocios cuando solo tenía una opción, o bien cuando ya estaba enchufado en una dinámica en la que todo sale más fácil.

Emprendí, básicamente, porque necesitaba independencia. Para mí no era una opción trabajar para nadie. Era eso o morir en el intento, la ruina existencial. Estaba dispuesto a hacer lo que fuera para tener libertad.

El precio a pagar fue vivir unos meses en un garaje de un pueblo de Huelva, y tener que pedir dinero para lo básico a amigos y familiares durante un tiempo. Mi necesidad existencial era mi independencia, no el proyecto que desarrollaba en sí mismo. Mi miedo no era fallar en el proyecto, sino tener que encerrarme en una oficina.

Con el tiempo esa necesidad básica evolucionó, como te he ido contando, y me di cuenta de que lo que necesitaba en realidad era conectar con los demás y conmigo mismo. Ya no me importaba tanto si estaba en una oficina o con más gente. El foco era diferente.

Mientras escribo estos párrafos tengo la suerte de compartir tres semanas de «surfari» por Costa Rica y Nicaragua en la caravana de mi buen amigo Alvar (pseudónimo Marco), en compañía también de nuestro querido Lucio (que se llama también Álvaro, pero claro, tres Álvaros en un viaje era un poco ridículo, así que nos hemos puesto nombres de emperadores romanos, y yo soy César).

Alvar lleva más de un año viviendo la aventura de recorrer América de Norte a Sur en compañía de su inseparable novia Chiara. Pregunté a mi amigo cómo se había decidido a dejarlo todo atrás y lanzarse a esa tremenda aventura. Su respuesta fue:

—Me hubiese sentido muy mal sabiendo que era el momento y no lo intenté. Me sería más difícil seguir viviendo sin haberlo hecho.

A veces la motivación se encuentra sabiendo que es el momento justo para algo, que si no lo haces luego te sentirás mal. El camino es un anhelo y ¿acaso el anhelo no es una «melancolía del futuro»?

Todo lo que hacemos es *para* algo.

Quien estudia Psicología lo hace *para* entenderse. El comercial genera valor a su alrededor *para* mejorar su vida y la de los demás, o quizá siente que no es suficiente y se identifica con el valor que crea a su alrededor. El médico ha vivido la enfermedad, quizá en su casa, quizá su padre era médico o por el logro de vencer la enfermedad. El emprendedor quiere libertad. El policía teme el desorden.

Sin embargo, no caigamos en el error de pensar que uno solo se realiza en el trabajo. Puedes descubrir tu necesidad oculta y desarrollar tu habilidad oculta fuera del ámbito profesional.

Una persona puede ser introvertida, y por eso ha elegido una labor profesional más técnica, con menos requisitos sociales de relación, pero se expresa escribiendo o tocando la guitarra. Al final, su dificultad y necesidad es la comunicación.

A veces la necesidad nos la da el mundo, donde vemos una falla o carencia que necesitamos cubrir.

¿Qué necesita tu mundo para ser un poco mejor?

o

¿Cómo de feo sería tu mundo si no solucionas (...)
en tu vida?

Seguro que hay muchas personas que comparten tu necesidad de ver en el mundo eso que todavía sientes que falta, para que sea más hermoso, armonioso y verdadero. Ojalá os encontréis y podáis trabajar juntos.

Si vas a emprender, fíate de esa carencia. Siempre podrás ayudar con algo importante a los demás. Busca en la dificultad para encontrar tu oportunidad.

Metamorfosis

«Y aunque la libertad se encuentra entre los sentimientos más sublimes, el engaño que produce también se cuenta entre los más grandes. Se aprende cuando uno se ve obligado a ello, cuando se trata de encontrar una salida, se aprende sin piedad (...) El razonamiento tranquilo, incluso el extremadamente tranquilo, es mucho mejor que las decisiones desesperadas».

Estas frases están extraídas de la novela *La metamorfosis* de Franz Kafka.

Creo que no hace falta mutar en un enorme insecto, como le pasa al pobre Gregor Samsa, para sentir esa incomunicación, aislamiento y alienación vital.

Al contrario, creo que, como seres inteligentes y sensibles, entendemos la necesidad de compensar esta sociedad individualista y burocrática en la que vivimos con una mirada crítica sobre el sinsentido por el que nos ha tocado reptar.

Si has aguantado hasta esta página del viaje, tienes toda mi admiración y respeto. Sé que no estamos tocando temas fáciles ni cómodos. Eres un buen compañero de viaje. Siento que nos conecta un lazo invisible que, a partir de ahora, nos unirá para siempre.

Llámame flipado, pero visualizo desde mi corazón una luz blanca que lo conecta con el tuyo, y eso me reconforta. Como peregrinos por una ruta sagrada, un ideal nos mueve, la posibilidad de un hallazgo. Jamás caminarás a solas, porque somos muchos los que buscamos y por el camino nos apoyamos.

HAZLO DE MODO *SMART*

Este modelo que se utiliza en el *coaching* fue definido por primera vez en 1981 por George T. Doran. Busca afrontar objetivos de modo práctico e inteligente, como sugiere la palabra que forman las siglas:

S— *Específico* (*Specific*). ¿Qué quieres? Tu objetivo tiene que ser algo concreto. Saber cómo será tu futuro, si serás feliz, no sufrir, encontrar el amor, etcétera, no es específico y, por lo tanto, difícil de alcanzar.

M— *Medible*. ¿Cuánto tiempo/dinero/energía necesitas invertir en ello? ¿Y cuánto esperas obtener? Tiene que poder ser registrado de alguna manera.

A— *Alcanzable*. ¿Está en tu mano? ¿Depende de ti? ¿Cuál es el primer paso en este camino?

R— *Realista*. Necesitas saber que se encuentra en tu rango de posibilidades actuales.

T— *Tiempo*. ¿Cuándo empiezas y qué *deadline* te has puesto? Necesitas calcular cuánto durará el proceso y cuándo termina. Si no se cierran fechas y plazos, corres el riesgo de perderte o desesperarte.

Antifrágil

Nicholas Nassim Taleb, un filósofo libanés nacionalizado estadounidense, sostiene que existe una cualidad que nos ayuda a sacar beneficio del caos y que resulta ser la mejor arma contra la incertidumbre: la antifragilidad.

No se trata de ser robusto y aguantar los zarandeos, sino de ser antifrágil y fortalecerse ante los embates de la vida. En este mundo, lo único seguro es la incertidumbre. Tal como afirma Taleb:

«La antifragilidad va más allá de la resiliencia o la robustez. El resiliente resiste choques y permanece igual; el antifrágil mejora. Lo antifrágil va más allá de lo resiliente. Lo resiliente sobrevive, lo antifrágil permanece y se fortalece ante las adversidades».

El autor asegura que esta cualidad ha estado detrás de la cultura, las revoluciones, los sistemas políticos, la innovación tecnológica, el desarrollo de las ciudades e incluso detrás de la evolución de las especies. Si aprendemos cómo funciona la antifragilidad, tomaremos decisiones bajo la incertidumbre de lo no predecible en los negocios, la política, la medicina y, en general, en la vida misma.

En las decisiones de la vida es mejor tomar decisiones no basadas en los deseos ni en los temores, sino las opciones en las que *si ganas tu beneficio crece exponencialmente y si pierdes no te expones a tantas pérdidas*. Es verdad que Taleb habla mucho de negocios, pero se puede extrapolar a nuestras decisiones en otros ámbitos.

Veamos un ejemplo: si vas a involucrarte con gente nueva, que sus rasgos principales sean potencialmente muy beneficiosos para ti (por ejemplo, en su compañía aprendo mucho, aunque sean aburridos), más de lo que arriesgas al estar en su compañía (lo contrario sería, por ejemplo, gente muy divertida, pero a la que le gusta demasiado las drogas).

En la Antigua Grecia, el filósofo y matemático Tales de Mileto, tras varios años de sequía, hizo algunos cálculos simples y decidió alquilar el único molino de su comarca con el poco dinero que tenía. Se lo dejaron barato, ya que no se había usado en tiempos recientes. Resulta que la cosecha fue muy buena ese año contra todo pronóstico y él se enriqueció muchísimo.

Aquí la teoría de Taleb es que con poco dinero te expones a perder poco, pero si te sale bien la jugada también puedes ganar mucho.

En la teoría de la prima de Instagram, deberías dedicarte a lo chachi piruli de la vida e ir a los lugares más preciosos y fotogénicos de vacaciones, a las fiestas más *cool* y seguir las corrientes de negocio actuales.

En mi teoría para descubrir tu habilidad oculta, deberías ir contra corriente y enfocar la vida con juicio crítico y las preguntas adecuadas.

¿Por qué voy a creer a los políticos, gurús, economistas y a la gente de Instagram, si cuando llega una crisis nadie la ha visto venir? *A posteriori* «todos lo sabían», y comienzan a explicarte las razones por las que ha ocurrido, pero *a priori* todos dan palos de ciego para llenar sus canales y conseguir seguidores.

Tú y yo vamos a hacernos nuestras preguntas importantes:

¿Qué necesito yo para evolucionar
y cómo puede ayudar eso a mi mundo a evolucionar?

Si nos estamos ocupando de eso, estamos siendo antifrágiles y atentos, con la consciencia despierta, y podremos revisar nuestras carencias, porque si las tengo yo, seguro que hay muchísima gente ahí fuera que tiene las mismas. Ahí está la oportunidad.

Solucionar necesidades reales trae beneficios reales y es un tiempo bien invertido.

Por ejemplo, el tiempo que invierto en escribir este libro refuerza mi antifragilidad, ya que me obliga a navegar por mis pensamientos, creencias y mis sentimientos respecto a lo que me hace falta para evolucionar.

La incertidumbre es total. Quizá nadie lo leerá, quizá solo digo tonterías, pero responde a una necesidad real de cubrir un vacío; mi vacío y el que siento que los demás también tienen.

Solucionar la necesidad de mucha gente es tiempo bien invertido que compensa, me da satisfacción vital, y además pueden encargarme más conferencias y grupos de trabajo. Al mismo tiempo, me especializo y refuerzo mi imagen de marca: *Desarrolla tu habilidad oculta / Cómo utilizar la energía del miedo para cambiar.*

Todo este proceso surgió «por accidente» —literalmente fue así—, pero también surgió por la incomodidad de no entender mi vida y la de los demás. Eso me forzó a investigar para comprender.

Empieza por ti, por el problema que debes abordar ahora, y el camino irá apareciendo a medida que seas auténtico.

UN POCO DE SÍNTESIS

- Tener paciencia, retrasar la recompensa, parece ser un factor importante para el éxito.
- Es fundamental saber diferenciar entre deseos y necesidades.
- Cuando simplificas tu lista de deseos, te queda lo esencial.
- Evocar mentalmente una visión de futuro llena de significado emocional te ayuda a superar los obstáculos hacia esa meta.
- Para llegar a buen puerto necesitas meter las coordenadas en tu GPS personal.
- El miedo pesa cuando no se utiliza de manera creativa.
- Tener un solo plan, sin alternativas de entrada, da fuerza a tu propósito.
- Los cambios generan incertidumbre, pero son puertas abiertas a nuevas oportunidades.

- Si pretendes vender, lo mejor es que se trate de algo vital para ti. Tiene que resolver un gran problema o dificultad.
- La carencia que detectas es la base del emprendimiento.
- El mejor negocio es aquel en el que si ganas tu beneficio crece exponencialmente y si pierdes no te expones a tantas pérdidas.

7. El poder del lado oscuro

Si iluminas tu sombra, lo verás todo mejor

Deberíamos entender el mundo como es, no como nos gustaría que fuera. Nos conviene bucear en la realidad de las cosas para ver lo crudas que son por nosotros mismos. Solo desde ahí podemos progresar.

Los humanos somos egocéntricos, agresivos y maníacos del control (menos tú y yo, claro; -). Esto lo supo ver un anciano jefe indio norteamericano, al cual la NASA le pidió que grabase un mensaje para el disco de oro en el que estaban grabando saludos en varios idiomas para enviarlo al espacio en la sonda Voyager con la expectativa de que «alguien un día lo oiga».

El objetivo es que, si las grabaciones llegan a ser encontradas por alguna civilización lejana, puedan descodificar los mensajes de paz y amistad enviados por nosotros, los terrícolas, y así motivarles a establecer contacto.

Al ir a entrevistar al viejo jefe, nadie conocía su idioma, así que se limitaron a grabarlo y a añadir su mensaje, junto con los otros idiomas del disco.

Tiempo más tarde, alguien le preguntó al viejo indio qué mensaje había grabado, a lo que él respondió: «No confiéis en el hombre blanco, vienen a quedarse con vuestras tierras».

Cuento esta anécdota para entender la manera en la que actuamos. Somos depredadores.

En su libro *Sapiens*, Yuval Harari cuenta cómo el *homo sapiens* triunfa allá donde va gracias a su instinto cazador. Antes de nuestra llegada a América o Australia, había grandes mamíferos que no tenían depredadores, y se extinguieron después de entrar en contacto con nuestro talento para matar.

La lista de matanzas es interminable, incluso entre humanos. Sigue siendo así, solo que ahora las mentiras para justificarlo son más sofisticadas.

No es que en esta época seamos más civilizados, sino que nuestras armas tienen un potencial de destrucción tan grande que el peligro de guerra abierta es apocalíptico. Por eso vivimos en la contención y en la mentira de pensar que somos pacíficos.

¿Qué crees que pasaría si una civilización avanzada descubriera nuestro mensaje, si vinieran aquí a conocernos y descubrieran cómo somos en realidad?

Si se parecen a nosotros, lo dejo a tu imaginación...

Eso sí, a medida que envejecemos, adoptamos más el papel de víctimas. Nos sentimos en peligro y nos enfocamos en amenazas externas, porque ya no nos podemos defender. Nos hemos vuelto tan mansos que cualquiera nos puede lastimar.

La buena noticia en este capítulo que empieza de un modo tan siniestro es que *hay una energía capaz de contrarrestar todo eso, el amor, pero viene acompañado de su media naranja, el miedo.* Son amantes y se necesitan para complementarse, como el mito que Platón explica en *El banquete.* Surgen de la misma fuente.

No hay nada que ames más que aquello que más temes perder, como hemos visto anteriormente en el libro. Y si es una persona la que temes perder, será justo la que más amas.

¿Por qué no amar mi miedo a la pérdida?

Sin que ello signifique dar rienda suelta a mi imaginación macabra y obsesiva, ¿por qué no amar mis inseguridades?

Eso me permitirá verlas como mensajeras, no como algo a evitar, además de ser un entrenamiento de resistencia. Es la lucha interna la que nos hace débiles, la negación de lo que sentimos.

Yo prefiero ser fuerte y tomar el control de mi vida.

En mi caso, ser fuerte significa permitirme sentir y mostrar mi vulnerabilidad. Cuando era duro e inaccesible, en realidad me escondía, tenía miedo. Ahora me pueden herir, pero me lamo mi herida y sano rápido, porque sé que está en mi mano sentirme herido o no.

Y, sobre todo, no me hago tanto daño a mí mismo con continuas exigencias y juicios. Intento limitarlos lo máximo que puedo.

Ahora soy un poco más versátil, más realista y optimista con mis posibilidades. Ya no las dejo en manos de nadie. De todo eso hablaremos en este capítulo.

En resumen: uno primero se ataca a sí mismo y luego, por reflejo, a los demás. Para romper ese ciclo, hay que empezar a entenderse y cuidarse uno mismo.

Keep it positive

Ser positivo es una actitud que te va a ayudar en la vida. Por favor, si hay un humano que no lo sabe todavía, que me muestre la cueva en la que ha estado metido.

Con todo, está claro que es imposible ser positivo y alegre todo el tiempo.

Yo no quiero ser un bufón, ni un payaso siempre sonriente para convencer a los demás y a mí mismo de lo maravillosa que es mi vida. Tampoco un amargado que regala acidez a tutiplén.

Solo aspiro a dar espacio a lo que siento y asomarme a entender cuál es el origen de eso que siento.

Para ello debo prestar atención a mis ideas, justificaciones y sentimientos y, a ser posible, no juzgarlos. Tampoco debo querer que desaparezcan rápido, ni taparlos con un velo de sonrisas, o bien —qué mal— volcarlos en los demás.

Solo observar, sentir, entender que es algo que pasa a través de mí y que me trae un mensaje. No soy yo, sino algo que siento ahora.

Esa distancia entre el observador y lo observado es la piedra filosofal del conocimiento.

Tiempo de incertidumbre

El hombre más sabio de la historia, el abuelo Gustavito —es decir, C. G. Jung—, decía que tenemos una sombra a la que solemos negar.

Por muy «normales» que seamos, todos guardamos dentro un yo agresivo, un manipulador, un mentiroso, un egoísta, un codicioso, etcétera.

Los *sapiens* somos así (los de ahora con *smartphone* igual, ¿eh?). Lo que pasa es que, en algún momento de nuestra evolución personal, de niños o adolescentes, entendimos las consecuencias de hacer una cosa u otra, así que enterramos esos impulsos muy profundo, dentro de nosotros.

Eso es lo que dice el psiquiatra suizo: existe un deseo oculto de dominación y poder que hemos reprimido; nos castigamos por ello al considerarlo negativo y generamos una personalidad que lo oculta.

Si has visto la serie *Breaking Bad*, sin duda empatizarás con el personaje de Walter White, un profesor de Química de instituto con una vida normal que, cuando se entera de que tiene cáncer, decide generar dinero para su familia cocinando metanfetamina.

Según avanza la serie, Walter White se mezcla con gente peligrosa que evitaría en su vida anterior a saber que se le agota el tiempo. Decide aprovecharse de sus conocimientos en química para producir drogas de primera calidad. Acaba traficando y haciendo daño a otra gente, y, aun así, como espectador, quieres que se salve.

Creo que ese tipo de empatía hacia otro humano imperfecto es el reconocimiento de nuestro ser más profundo. La sombra reconoce a la sombra.

Como vimos al principio del libro, de niños vamos aprendiendo y modulando nuestra conducta en función de lo que nuestras figuras de autoridad validan o desaprueban. Si nuestros padres nos premian por algo que hacemos, si lo refuerzan con palabras y gestos de cariño y aprobación, el niño lo reafirma en su carácter. Y lo contrario sucede con las desaprobaciones.

Sin embargo, a veces sucede lo contrario y a un niño (que solo busca ser aceptado) le prestan más atención cuando grita o se mueve mucho que cuando está tranquilo. Así, ese niño reafirma esa actitud y puede acabar configurando una personalidad en torno a esa percepción: me atienden más cuando molesto que cuando me quedo quieto, por lo tanto...

Somos muy complejos los *sapiens*.

Jung señala que, también en la edad adulta, nuestro ambiente y la sociedad reprueba ciertas actitudes que los individuos interiorizan como poco deseables, erróneas o negativas. Cuando un individuo detecta en sí mismo alguna actitud similar, la reprime, la oculta en el inconsciente, a la sombra de la mirada propia.

Así, por ejemplo, una persona que suele ser amable puede verse sobrepasada emocionalmente en un momento dado y dar rienda suelta a su rabia contenida de una manera descontrolada. Esta explosión le contraría tanto, ya que su autoconcepto es el de ser una persona tranquila, que comienza a no entenderse. Ha negado tanto su rabia, que la confianza en sí mismo se deteriora.

De la sombra de la que hablaba Jung, pasamos ahora a la incertidumbre.

Incertidumbre es la imposibilidad de hacer pronósticos, la falta de certezas, como indica la misma palabra. Y el problema es que nuestra mente analítica está empeñada en saber qué pasará para protegerse, y utiliza los datos del pasado para hacer previsiones.

Y eso no es un método muy preciso.

Si verdaderamente quieres saber lo que pasará en el futuro, dado que los humanos repetimos patrones, podemos escuchar lo que dicen los más mayores. Suelen asegurar que se arrepienten de no haber pasado más tiempo con su familia o amigos, de haberse preocupado demasiado y trabajado más de la cuenta.

Para ahorrarnos esta clase de lamentos, puede ayudarnos un enfoque de vida minimalista, es decir, concentrarnos en lo importante y aprender a dejar de lado el resto.

En el Templo de Apolo estaba el oráculo de Delfos, al que acudían los griegos a consultar su futuro. En la entrada del templo estaba escrito lo siguiente: «Conócete a ti mismo» (va implícita la frase anterior de «si quieres conocer tu futuro...»). Así que habrá que hacer caso a los clásicos para conocernos en profundidad, tomar mejores decisiones y, con ellas, determinar nuestro futuro.

Esa es la fórmula para aprovechar mejor nuestro tiempo.

Llévalo al cuerpo

Si seguimos hablando de la incertidumbre y de sus efectos en nuestra mente, la ansiedad, aquí hay que incluir al cuerpo. Nuestro cuerpo es un ancla al presente y, por lo tanto, una herramienta fundamental para cultivar la serenidad.

Más allá de lo básico, como la actividad física y la oxigenación que hace que liberes endorfinas y te sientas mejor, en este apartado quiero comentar la técnica de Wim Hof, conocido también como «el hombre de hielo».

Es posible que te suene, porque ha conseguido 21 récords Guinness por su destreza para aguantar el frío. Puede estar dos horas metido en un tanque helado, nadar bajo el hielo y subir al Everest en pantalón corto, sin camiseta y sin bombona de oxígeno.

Su método propone series de 20-30 respiraciones con la boca para llenar profundamente la tripa —el diafragma— a ritmo dinámico, tomando más aire del que sueltas. El objetivo es hiper-oxigenar el organismo.

Al terminar este ciclo de 20-30 respiraciones, hay que vaciar los pulmones y contener la respiración lo máximo posible. Cuando no puedas más y estés al límite, toma aire y retenlo 15 segundos.

El objetivo es hacer que todo tu organismo entre en un estado de alerta, optimizando el uso de CO_2 y O_2, y activando así todos los órganos. Si combinas eso con una ducha fría y una meditación, según él, no volverás a enfermar.

Para probar su propio método, a Hof le inyectaron toxinas y virus en un experimento controlado y no enfermó. Llevó la prueba más allá al pedir a un grupo aleatorio de personas que practicaran su método a lo largo de 5 días, mientras que otro grupo de control no haría sus ejercicios de respiración, con el fin de contrastar los resultados.

Después de inyectar las toxinas a los dos grupos, quienes trabajaron con él esta técnica no enfermaron. Sin embargo, los integrantes del otro grupo sí lo hicieron.

Personalmente, yo practico esta clase de respiraciones cuando me siento con ansiedad y funciona. El estrés mental se evapora. Puedes probarlo ahora aunque no estés nervioso. El mismo efecto tiene meter la cara en un recipiente con agua y hielo.

El movimiento, las respiraciones y el frío llevan al cuerpo a un estado conocido de alerta para sobrevivir y protegerse de forma natural. Esto concentra la energía en lo importante, en el ahora, facilitando la claridad mental.

Con esto quiero resaltar la importancia de nuestro soporte vital, el cuerpo, el lugar donde se refleja toda nuestra carga inconsciente, la zona oscura. Por este motivo, enfocar nuestra atención y nuestra disciplina en el cuerpo ayuda a profundizar en el entendimiento de nuestro inconsciente.

Nuestra energía mental no tiene límite, por eso en exceso satura el cuerpo (te duele la cabeza, las zonas donde se acumula la tensión, los órganos vitales, etc.), dificultando su correcto funcionamiento.

En este viaje que estamos haciendo juntos, nos interesan las emociones que surgen del cuerpo para entender dónde estamos y cómo estamos.

El cuerpo se relaja o se tensa dependiendo de la carga mental que le metemos, y la mayoría de las técnicas te explican cómo calmar, distraer o disciplinar la mente. Sin embargo, existen otras soluciones encaminadas a abordar los problemas y tensiones vitales que se expresan a través del cuerpo.

Para ello hay que poner el foco en ver qué respuestas ofrece nuestro cuerpo ante determinada situación o pensamiento, lo cual implica prestar atención a las sensaciones corporales hasta que nos familiaricemos con ellas y podamos interpretarlas.

En mi caso, suelo acumular tensión en la mandíbula, así que le presto atención mientras estoy en el ordenador, hablando por teléfono o en cualquier otra situación. Observar la tensión de mi mandíbula es mi «termómetro» para detectar qué temas me ponen alerta, si estoy ansioso, etcétera.

¿Qué parte de tu cuerpo es tu barómetro para el estrés y la ansiedad?

El cuerpo es nuestra única realidad, la mente es una ilusión.

Un estudio publicado en la revista *Psychological Science* en 2010 estimó que la mente humana genera alrededor de 50.000 pensamientos al día, la mayoría de preocupación, aunque solo somos conscientes de una mínima parte.

En la aventura que estoy contando por partes, a veces retrocediendo a determinados momentos, mi decisión de echarme al agua —«lo tengo que intentar»— ¿de dónde surgió? ¿Acaso los chicos de los Andes no fueron tomando decisiones por puro instinto?

Nando se sentía fuerte y lo quería intentar. En Numa aflora la conexión más auténtica de su ser hacia los demás. A otros el instinto de conservación les mantuvo lo más inmóviles posible.

La esposa de Wim Hof se suicidó en 1995, dejando cuatro hijos y un joven marido y padre desolado, cuyos recursos para sanar fueron frío y respiración. Hoy es un referente mundial para quienes quieren romper barreras, disciplinarse y superarse.

La grieta

En la canción *Anthem* de Leonard Cohen, que pertenece a su álbum *The Future*, hay un pasaje que se ha hecho famoso. Viene a decir: «En todo hay una grieta, y es por ahí que entra la luz».

Wim Hof es para mí un claro ejemplo de cómo a través de la grieta se ilumina el propio interior y luego esa luz se expande hacia los demás. El dolor por la muerte de su mujer le hizo buscar y encontrar un método para sobrevivir mental y emocionalmente. Lo llevó al límite para comprobar su eficiencia y luego lo enseñó a los demás.

Y así como sin grietas no pasaría la luz, si todo está en orden, medido y controlado, no queda hueco para lo nuevo.

Sabemos desde los antiguos griegos que todo cambia y nada permanece. Por lo tanto, nuestra estrategia no puede ser el inmovilismo, el «Yo ya lo he conseguido» o «Yo ya sé».

Los chinos dicen que «un árbol demasiado recto lo convierten en tablas».

Hace un año, en un taller en el que participé para un importante cliente de la industria farmacéutica, uno de los participantes, de cincuenta y siete años, se me acercó a la hora de la cena y me dijo:

—Yo vivo en un estado del norte de Estados Unidos, cerca de un gran lago. Hago deporte en la naturaleza y me baño en agua fría. Tengo un buen sueldo y mi familia está bien, pero me gustaría saber qué más tengo que hacer.

Yo le devolví la pregunta:

—¿Hacer más para qué?

Él se quedó muy pensativo y no supo responderme. En realidad, no hacía falta.

Para mí, lo único que existe es un camino de autoconocimiento y aceptación de tantas cosas que nunca nos va a satisfacer del todo nada de lo que consigamos tener, hacer, ser o sentir.

Está claro que siempre sentimos que nos falta algo, por mucho que tengamos una buena vida y cumplamos objetivos. Somos hijos de una grieta (y no hablo de la de nuestra madre, aunque sirve también como metáfora para seguir la luz de la rendija). Somos una fisura en el orden natural. Somos la conciencia que se observa incompleta.

París era la capital mundial de la cultura y el ocio en los años treinta. Y lo curioso es que en los años cuarenta, con la ocupación de las tropas alemanas durante la Segunda Guerra Mundial, había incluso más salas de fiesta que antes.

Parece que la cercanía de la muerte nos lleva a exprimir el tiempo a tope.

Cuanto más tenemos que perder, más hay que celebrar.

Los extremos perder y ganar se acercan y se dan sentido mutuamente.

Si no hay riesgo no hay ganancia

¿Te has parado a pensar por qué un día de verano, en nuestra infancia, nos parecía eterno, mientras que de adultos el tiempo parece volar?

Al parecer, el cerebro de un niño, expuesto a constantes novedades, vive el tiempo de manera más lenta, mientras que un adulto, para quien todo es más familiar y rutinario, el tiempo se acelera.

Es como cuando conduces por caminos desconocidos, que vas alerta y el tiempo pasa despacio.

La capacidad de sorprendernos hace que el tiempo se dilate. Lo mismo sucede cuando me pongo en riesgo, descubro mi grieta, me asomo a mi acantilado. En todas estas situaciones, ralentizo ese fluido mental que contamos por horas y días.

A través de la grieta entra la luz, y con luz puedes ver lo que hay dentro, pues lo de fuera ya lo ven todos.

A través del vacío, del dolor, de lo incompleto, podemos asomarnos a lo que de verdad nos importa, aquello que necesitamos reconocer, aceptar y cuidar. Has venido a entender y cuidar esa parte de ti. Una vez que haces eso contigo mismo, lo puedes hacer con los demás, con el mundo. Solo entonces puedes encontrarle un poquito de sentido a todo esto.

¿QUÉ ES EL ÉXITO PARA TI?

1. *¿Eres capaz de definirlo con pocas palabras?*
2. *¿Has conocido varios tipos de éxito en tu vida? ¿Cuáles?*
3. *¿Qué objetivos concretos relacionas con el éxito?*
4. *¿Qué te lleva a pensar que ese éxito te va a hacer sentir mejor?*
5. *¿Hasta dónde eres capaz de llegar para lograrlo?*

Darth Vader necesita cariño

Recordemos la frase que le dice el Maestro Yoda a Anakin Skywalker en el episodio III de *Star Wars*: «El miedo es el camino hacia el lado oscuro. El miedo lleva a la ira, la ira lleva al odio, el odio lleva al sufrimiento. Veo mucho miedo en ti».

Al final, el chaval no hace caso a Yoda y se pasa al lado oscuro para transformarse en Darth Vader (con lo guapete que era...).

En la película, Anakin teme perder a su amada Padme, igual que perdió a su madre, que fue asesinada. Se siente culpable porque no fue capaz de impedirlo y se promete que eso nunca volverá a pasar, que se hará fuerte y lo evitará.

Yoda le advierte sobre los peligros del apego.

Por el apego a un resultado, haces lo que sea para que algo ocurra o no ocurra. Esa parcialidad nos ciega.

El lado oscuro promete a Anakin más poder para influir en la vida de las personas y él se deja llevar (igualito que en política, ¿no crees?).

Parece que, en esta historia, el gemelo feo gana la partida. Vuelve débil a Anakin, que va buscando seguridad y acaba cediendo.

Personalmente no creo en el bien y el mal absolutos. Lo que hay son humanos haciendo lo que pueden, a veces haciéndose daño por el camino pero también cooperando.

El lado oscuro es innato en nosotros y no es ni bueno ni malo, solo algo que entender y con lo que convivir.

El poder del lado oscuro sin filtro sería algo así... Siento ansiedad, no sé lo que va a pasar en mi futuro y mi gemelo feo comienza a comerme la oreja: «¿Cómo no vas a estar ansioso, si eres un mierdecilla en un mundo despiadado? Los políticos son una estafa, la vida está carísima y la IA ha venido a desplazarnos a todos. Enfádate, quéjate en una red social. ¡Que se te oiga! ¿Es que no lees las noticias? Todo se deshace, ¡defiéndete!».

Desoyendo a mi gemelo feo, cuando siento que estoy ansioso, incómodo, y no sé reconocer qué me pasa, busco un momento de calma para cerrar los ojos al final del día.

Me centro en el cuerpo, en la respiración, y observo cada uno de los pensamientos que aparecen. Casi todos tienen que ver con el futuro. Les asigno un día en el que voy a tomar acción, si la situación lo requiere, y si no lo requiere, solo los observo. La mayoría de las veces me doy cuenta de que son ansiedades sin fundamento.

Una de mis preocupaciones recurrentes, como para la mayoría de los humanos, es mi progreso económico, personal y emocional.

Me sorprendo pensando que no salen los planes, me desconcierto y me pierdo en un mar de dudas. A mí lo único que me funciona en ese momento es recuperar mi misión, su sentido; rememorar el proceso que me ha llevado hasta encontrarla. Eso me calma por un tiempo.

Sinceramente, no creo que haya un final para todo esto, sino solo un proceso que se vuelve más manejable con el tiempo si le ponemos sabiduría.

Volviendo a Anakin y a su gemelo feo, Darth Vader, este último no habría podido salir adelante si el primero no hubiera creído que en el fondo era una buena opción. A fin de cuentas, los seres humanos pensamos en causa y efecto. Si fui débil porque no pude defender a mi madre, me convierto en el fuerte y mato a los que me ataquen. Al final, vas a ser tú quien ataca preventivamente, incluso antes de que te agredan, por si acaso.

Para evitar caer en el lado oscuro de la fuerza, lo que puedes hacer es abrazarte con paciencia, mientras observas la realidad de todo lo que contienes: odio y cariño, creación y destrucción, fluidez y manipulación, sinceridad y engaño... y, aun así, sigue aceptándote y amándote a ti mismo, aunque te impresione lo que veas.

UN POCO DE SÍNTESIS

- La media naranja del amor es el miedo; siempre van juntos.
- Si te conoces bien, tomarás mejores decisiones y podrás determinar más tu futuro.
- El cuerpo nos manda mensajes muy valiosos, si queremos escucharlo, sobre nuestros estados emocional y existencial.

- La sorpresa y las emociones fuertes hacen que el tiempo pase más despacio.
- Ama tu miedo.

8. Dificultades que ocultan oportunidades

Cómo encontrar y desplegar tu magia interior

Llevamos un largo viaje juntos y te has dejado guiar. Te doy las gracias de corazón por confiar en mí, aunque eso me hace pensar que tal vez eres demasiado confiado. O sea, te digo que me caí por un acantilado ¿y tú me sigues? ¡Pues eres un gran compañero!

Sin duda me gustaría tomarme una cerveza contigo y que me explicaras cómo estás tan loco como para leerme.

Procuro ser honesto y auténtico con este relato y las ideas que contiene. No es que yo aplique a rajatabla todas estas enseñanzas cada día, pero son una guía para mi vida y continuamente vuelvo a utilizarlas cuando me siento bloqueado.

Descubrir las ideas y vivencias de otras personas ha tenido gran influencia en mí. Por eso he decidido compartir mi historia y reflexiones, en lugar de teorizar sobre cómo deberían ser las cosas. La teoría es solo teoría, y la vida se compone de decisiones que no siempre sabemos adónde nos llevan.

A estas alturas del viaje, espero que ya te hayas asomado a tus propias dificultades e incomodidades vitales. Vamos a ver qué hacemos con todo eso.

Una de superhéroes

Así como los personajes de los cómics tienen cada uno un superpoder, nosotros somos iguales. La fuente de tu dolor generó ese poder. Como en los cómics, esos superhéroes antes eran personas normales que tuvieron que afrontar una herida como el destierro de su planeta original, la muerte de sus padres, un villano de ocho brazos les arrebató lo que más querían y cosas así.

Llevado a nuestra realidad, ese «dolor original» suele tener que ver con algo que sucedió en la niñez o en la adolescencia, y muchas veces supone el abandono de una situación cómoda para darse de bruces con la cruda realidad.

Instagram te dirá: haz lo que más te gusta. Convierte tu pasión en una inmensa fuente de ganancias mientras vives en Bali haciéndote *selfies*. O sea, desarrolla tu superpoder más chachi y serás alguien molón que vive una vida de ensueño.

Por supuesto, puedes desarrollar una profesión que te apasione y vivir de ella. Para eso, ser un enamorado de la psicología positiva te servirá.

Mi misión es otra: llevarte a tu habilidad oculta tras una visita a tu infierno particular, sea porque has transitado por situaciones temidas, o bien después de una época dura donde no encuentras soluciones. Aunque también puedes llegar ahí si reflexionas acerca de por qué haces lo que haces y eres lo que eres.

Se trata de ir al origen, una exploración emocional histórica.

La alternativa es lo que hace la «prima de Instagram»: te centras en lo bueno, en lo bonito, en lo que te encanta, y te olvidas del resto. Eso probablemente te hará disfrutar de lo superficial y cuando lleguen los problemas te encontrarás desamparado.

En cambio, cuando haces del miedo tu maestro, aprendes quién eres, no tu versión idealizada de ti y de la vida.

La existencia es bella y también cruel y áspera. Observar tu propia crueldad (sobre todo contigo mismo) y lo áspero de desenvolverte en la vida te dará valor y conocimiento. No es resignación, es consciencia. Aceptas y amas lo que entiendes, no solo lo cómodo, bonito y similar a tu mundo ideal.

Ese es otro camino para enamorarse de la vida de forma mucho más auténtica y profunda.

Desde la consciencia y la paciencia te puedes enamorar de ese niño, adolescente y adulto que ha hecho lo que ha podido. Seguro que vas a ver situaciones en las que no has sabido reaccionar, objetivos que no has conseguido alcanzar y experiencias que te has negado. Hay algunas que serán recurrentes y te darán pistas de por qué te has comportado así.

Lo que necesitas es aprender a convertir esa debilidad en una oportunidad para crecer. Trabajar desde el punto en el que te encuentras y comenzar a construir. Cuando tomas esa resolución, empiezas a trabajar para mejorar. Conviertes tu debilidad en una fortaleza. Ya no tienes un «ángulo muerto», y te vuelves más resistente a los ataques: a los tuyos, a los de los demás y a los reveses de la vida.

Nuestro superpoder reside en ese autoconocimiento transformador. Quien mejor se conoce y se acepta, obtendrá el regalo de entender qué necesita y no gastará tiempo persiguiendo zanahorias que otros han puesto en el camino.

La magia del «para qué»

A mí se me dan bien los deportes, organizar eventos, tomar cervezas, buscarme la vida por mi cuenta, entre otras cosas, pero no pienso abrir un bar, organizar fiestas o ser profesor de surf. No lo hago porque soy consciente de que necesito otro tipo de cosas para evolucionar.

Por eso estoy escribiendo este libro y ni siquiera creo que me guste especialmente escribir. Hay que releer, repasar y editar continuamente; es un proceso larguísimo. Pero entiendo que escribir y hablar en público supone una oportunidad para mí y para los demás de aportar sentido utilizando mi experiencia personal.

Los humanos aprendemos de las experiencias propias y de las de los demás.

Mi superpoder empezó al darme cuenta de que sin un «para qué» la vida no tiene sentido, es solo supervivencia. Poner rumbo hacia tu «para qué» es encaminarte hacia la magia; pasar a la acción es materializarla.

Por eso, entiendo que «lo que de verdad necesito» es no aislarme en mi roca del Atlántico, en mi comodidad, sino conectar contigo a través de todo lo auténtico de mi vida que te pueda ofrecer.

Al salir de lo que se me da bien y fortalecer mi debilidad, presto atención a esa fuerza oculta que lucha por aflorar.

Si haces eso, acabas por llenar un vacío real, en lugar de rellenar huecos que ya están llenos. Desarrollas tu potencial oculto, tu fuente inagotable de esfuerzo.

El problema es que, al detectar nuestra debilidad, la solemos tapar con distracciones para olvidarla, con lo que perdemos una gran oportunidad.

Encontrarás tu habilidad oculta en la incomodidad inicial de asomarte a ese lugar al que no te apetece mirar. Es por ahí que vas a desdoblarte y obtendrás el poder que en el fondo sabes que te falta para estar completo.

Mi habilidad oculta no es escribir ni hablar en público, sino aportar sentido. Sin embargo, al escribir y hablar en público voy aprendiendo y desarrollando la técnica. Como mi «para qué» es tan necesario en mi vida, al final disfruto escribiendo y hablando, ya que es el medio para transmitir a los demás y aprender yo. Si no sintiese que también puede ser de utilidad para ti, no lo haría; me limitaría a escribir notas en un diario.

Ahora puedo decirte que estoy gozando de la escritura para ti. Me pregunto: ¿qué pensarás? ¿Te estará siendo útil?

¿Sabes distinguir lo que se te da bien y te gusta de tu habilidad oculta?

Para ello pueden ayudarte estas dos preguntas:

¿Qué necesito sentir cuando estoy en mi compañía?

o

¿Qué me falta por sentir cuando estoy conmigo mismo?

Dulce rabia

Siempre es mejor sentir rabia, una energía que nos lleva a la acción, que tristeza o culpa, que descargan nuestras baterías vitales. Aunque también es cierto que desde la tristeza y la culpa se puede llegar a la rabia y después transformarla en algo productivo.

Completa, sin pararte a pensar, esta frase:

Me niego a que en mi vida no haya...

Es importante aprender a distinguir el foco de tu rabia. Si mi rabia es porque el «mundo es injusto», será una pérdida de tiempo, pues no está en mi mano cambiar el mundo, como dirían los estoicos.

Sí puedo hacer algo con esa rabia por la injusticia que me ha tocado vivir. Sin buscar culpables, decido la injusticia que no pienso tolerar, porque merezco amor, dignidad y aprecio. Y lo voy a conseguir.

Yo era un adolescente y un alumno complicado, y mis maestros, con buen criterio, me apartaban del grupo todo lo posible.

Tenían que sacar la clase adelante y no había tiempo para pararse a analizar las necesidades de cada alumno (aunque eso sea una pena). Yo me moría encerrado en clase. Era para mí un agobio físico y espiritual muy real.

Lo peor que hicieron conmigo, sin embargo, fue tacharme de *imposible*. Si me hubiese creído su sentencia, hoy viviría bajo un puente. Cierto es que me la creí durante bastante tiempo y sufrí mucho.

Por eso estudié Psicología, para entender el porqué de tanta frustración con el sistema y conmigo mismo. Para entender por qué no me sentía valioso. Para comprender por qué me había creído eso de: «Si no puedes estarte quietecito ocho horas aquí encerrado es que no vales para nada».

Obviamente mi trayectoria no ha sido ortodoxa. Me apunté de alumno libre en el instituto (solo iba a los exámenes de junio y septiembre) y trabajaba el resto del tiempo con caballos, enseñando a montar y a competir.

Posteriormente, conseguí llegar a la universidad e incluso hice un máster. Todo el proceso me llevó bastante tiempo, entre trabajos, indecisiones, viajes y aventuras.

He estado poco tiempo en una empresa como asalariado, pues no me he adaptado bien al entorno. He conseguido ganar dinero con negocios y también he perdido con otros. El balance ha sido positivo al final.

Mi vida es tomar decisiones, aceptar la incertidumbre, vivir junto al sistema, pero no del todo dentro de él. He encontrado mi paraíso particular en la isla para vivir una vida alternativa.

Elijo no malgastar tiempo en arrepentimientos, en pensar cómo habría sido mi vida si hubiese tomado otras decisiones, como hace la protagonista de *La biblioteca de la medianoche*.

Lo único que puedo hacer con la experiencia es otorgarle un significado.

Mi abuela me decía: «¡Ay, mi niño! Olvídate, ya pasó». Pues sí, abuela, ya pasó, pero elijo no olvidarlo y así hacer algo con ello.

Aceptar. Aprender. Compartir.

Amor fati

Los estoicos utilizaban la expresión *amor fati* («amor al destino»), que luego popularizó Friedrich Nietzsche. Implica aceptar lo que venga y aceptar lo pasado con agradecimiento. Es lo que ha sido y punto.

¿Qué momentos de tu vida revives una y otra vez?
¿Tienen tu energía atrapada?
¿Qué puedes hacer para liberarla?

Te sugiero que si, al pensar en personas, situaciones o posibilidades, sientes que ha quedado algo pendiente, hagas lo posible por liberarte de esa carga.

Vete a un sitio alejado y ponte a gritar, si lo necesitas, hasta que no quede nada por decir, hasta que puedas abrazarte y hacer un nuevo trato contigo mismo.

Las emociones no están para gestionarlas, como algunos dicen, sino para sentirlas. No nos engañemos, como mucho podemos canalizarlas. Primero te das espacio para sentir, luego le otorgas un significado, pero no las escondas en plan: «No pasa nada, sé positivo». ¡Tonterías! Te duele y tienes que canalizar la rabia, el dolor o lo que aparezca. La energía que no se canaliza se acumula en el cuerpo y eso es peligroso.

No hay nada peor que tener cosas pendientes agarradas al alma. A veces, para que la magia interior aflore, solo se necesita atravesar la neblina y ver amanecer de nuevo.

Descompresión, la fórmula mágica

Hablemos de la vida, de la suerte y de la muerte. *Are you ready?*

Ya te he contado cómo, tras haberme rendido y dejado que mi cuerpo se hundiera en el océano, me desperté con asombro de la oscuridad, el vacío y la nada en la que me había sumergido.

El cuerpo que, momentos antes, estaba contraído, convulsionando y gritando de dolor desde muy adentro, se despertó distendido, suelto, sin convulsiones y animado por un chorro de energía y posibilidades.

O sea, que no solo no me ahogué, sino que además mi organismo se regeneró en cuestión de segundos. Aquella energía densa y fatal se había convertido en ánimo y concentración.

No entiendo muy bien cómo pude pasar del colapso total a la renovación en tan poco tiempo.

Analizando lo que pensé segundos antes del colapso, yo únicamente acepté la situación y di gracias a la vida. Entiendo lo que significa esto, no pongo pegas, acepto lo inaceptable, que mi tiempo se termina ahora, y doy las gracias por todo lo pasado, por mi vida.

Aceptación y gratitud. ¿Será esta la fórmula de la vida?

Bueno, como dijo Nando Parrado, «y un poco de suerte».

Es inquietante dejar nuestro destino en manos de variables tan misteriosas como la suerte. Pero es que nadie que haya confiado solo en la suerte o solo en la intención lo ha conseguido todo; somos resultado de la combinación de ambas. Me atrevería a decir que la intuición es parte de ese encuentro entre ambas.

El universo se burla contemplando nuestro empeño por controlar nuestro destino y elaborar teorías, pero... ¿¡qué sabremos nosotros!?

Vivimos comprimidos en nuestras propias creencias, que reforzamos día a día con los mismos pensamientos, emociones y reacciones.

Descomprimir es aceptar que no tengo control sobre casi nada y estoy abierto a lo que ocurra, sin condiciones. No es ofrecer una respuesta, sino aprender de las posibilidades. Escuchar la vida. Favorecer el cambio. Aceptar lo inexplicable. Así desarrollamos esa actitud de escucha en la que también podemos llegar a entender los mensajes internos, conectados con la inexplicable sabiduría ancestral humana, que quizá conecta con la energía universal; la intuición.

Es también agradecer la suerte de estar vivo. Sin hacer trampas, sin pensar que el mundo es siempre maravilloso y que todo lo que deseo se va a cumplir.

Cuando llegue el momento de marcharme, quiero ser plenamente consciente de que me voy. ¿Qué es eso de morirse mientras duermes? ¡Menuda conclusión para una vida! De eso nada. Te lo digo yo, que viví mi juicio final de un plumazo, en un milisegundo. Rocé la muerte o entré y salí, no sé. Fue terrible, pero no tanto. Morir es difícil, pero también lo es vivir.

No me fastidies, te quiero presente para despedirte. Te mereces compañía. Al menos, la tuya propia. Porque ¿cómo te vas a fiar de ti mismo si ya te estás diciendo «conmigo no cuentes»? No cuentes conmigo para tus debilidades, ni para el dolor ni para la despedida.

O sea, que justo en los momentos que más te necesitas, ya avisas que no vas a estar. ¡Pues menudo amigo!

Prefiero los gruñidos, los lamentos, lo que haga falta. ¡Presente, carajo! ¿Acaso hay otra cosa?

Cuando te haces esa promesa de corazón, te sientes acompañado, comprometido, fuerte, valioso para y por la persona más importante de tu vida. Eso te da fuerza, valor y coraje.

Si eso es así en el momento final, imagina lo que podrías hacer con otras cosas de la vida menos complejas de afrontar.

Cuando esperas estar en lo peor, todo lo que ocurra será mejor.

¿Acaso eso no es poder sobre tu vida?

Así no temerás al futuro, ni a los humanos, ni al dolor, ni a la bendita despedida.

¡Presente!

El pacto del infarto

Lo que te voy a proponer en este pacto es sencillo; solo necesitas una gallina viva, un mechón de tu pelo cortado en luna llena, un cuchillo afilado y no haberte masturbado este mes. Fácil, ¿no?

Obviamente es una broma, me ha salido así...

En realidad, el pacto del que quiero hablarte de nuevo es el del compromiso con la magia de la vida.

Tú eres valioso. Tu labor profesional es valiosa. Tu presencia es valiosa.

Magia negra es cuando volcamos hacia fuera nuestra valía. Cuando depende de los demás y, por lo tanto, en su criterio deposito mi valor. Por eso tengo que conseguir influirles, para conseguir que me obedezcan o que me aprueben.

Magia blanca es cuando me convierto en mi medicina. Soy consciente de que soy yo quien debe buscar el sentido a mi labor. El único al que debo convencer es a mí mismo. Solo así podrás hacer algo positivo por los demás.

Normalmente (aunque habrá excepciones), cuanto más arriba miras en la jerarquía corporativa, política, financiera, etcétera, más psicópatas hay. Practican magia negra y, aun así, te venden que hacen magia blanca. Si arriba hay personajes así de retorcidos, ¿cómo vamos a esperar que el sistema nos conceda sentido y valor? Eso sería tan inútil como darle un telescopio a un ciego.

De hecho, como el ciego, deberíamos aprender a sentir la vida más allá de la razón, de lo visible. Hechizar nuestros sentidos para relacionarnos con el entorno de otra forma más sutil. Ser un verdadero héroe o heroína en un mundo de vínculos invisibles.

Como los latidos de tu corazón, insistentes, ocultos, propios, misteriosos, vitales.

¿Puedes hacer ese pacto antes del infarto?

La necesidad mueve montañas

Asisto a muchas charlas motivacionales, leo libros, veo vídeos y en todos se habla de hábitos, de pasión, de optimismo.

Sin embargo, yo quiero hablar de la verdadera fuerza de la vida, de la necesidad.

¿Por qué los cristianos de la península ibérica conquistaron su territorio, tras expulsar a los musulmanes, y después «descubrieron» y colonizaron medio mundo?

Por su necesidad de prevalecer como etnia, cultura y religión, pero más allá de eso, fueron impulsados por la pobreza y por la promesa de progreso.

España se forjó como una meritocracia que permitía ascender de clase social a través de la guerra, sobre todo. Esto era inédito en la Edad Media, donde morías en la clase en la que nacías.

Los españoles no fueron a descubrir nuevas tierras solo por la promesa del oro, sino porque aspiraban a una nueva vida que les permitiera ascender en la escala social y convertirse en alguien de valor. Eso les impulsó a hacer lo imposible.

Quizá deba hacer un apunte para los hermanos de América. la reina Isabel les dijo: «Id y mezclaros para crear buenas familias cristianas». Ya sabemos que también hubo la crueldad propia de la época y de los humanos en general.

Si analizamos las hazañas de las culturas que han creado imperios, su origen fue la necesidad de salir de la precariedad o la de defenderse.

Por ejemplo, en la formación de Estados Unidos, miles de humildes europeos se aventuraron en busca de una vida mejor. Necesitaban escapar de la rigidez y las miserias del viejo continente, así que se embarcaron hacia lo desconocido.

Primero necesitaron conquistar la naturaleza y batallar contra los nativos (aquí no hubo mestizaje, solo matanzas y robo de tierras). Luego se libraron de la corona inglesa mediante la guerra, para un tiempo después acabar dominando el mundo.

Escribo esto sin valorar si los colonos europeos, los mongoles, los chinos, los romanos, los españoles, los incas y los demás imperios fueron justos con los pueblos a los que conquistaron y arrebataron sus tierras. Eso sería otro debate.

Lo que nos interesa aquí es la combinación de necesidad y meritocracia. Si no hay una promesa de mejorar a través del esfuerzo, solo existe la necesidad, que sin posibilidad de mejora, lleva a la apatía, la sumisión y la decadencia. Pero si la necesidad lleva implícita la posibilidad de mejorar, entonces la fuerza se multiplica.

Las empresas y personas que han sabido entender las necesidades humanas y han ofrecido ideas, productos o servicios para mejorar sus vidas, se han hecho inmensamente influyentes.

Para sacar beneficio de la necesidad, hay que entenderla y para eso primero hay que saber verla. A menudo se oculta bajo capas de creencias, ideas, deseos y rutinas. Es igual de importante saber ver la propia necesidad como enfocar los esfuerzos para cubrirla.

Si no hay una promesa clara de mejora, no va a iniciarse el movimiento.

En el libro *El Alquimista* de Pablo Coelho, el protagonista inicia un viaje larguísimo para encontrar un tesoro y resulta que el premio que buscaba estaba enterrado en su propio terruño, desde el que inició su viaje (perdón por el *spoiler*), aunque, por supuesto, el verdadero tesoro es transformarse; es decir, entender su necesidad oculta y afrontar las pruebas.

Como ya hemos visto, el viaje del héroe mueve cualquier historia humana. El héroe está tranquilo con su *status quo*, no hace más que lo que debe para vivir una vida normal. Un día su tranquilidad se ve amenazada y en riesgo de desaparecer para siempre. Un guía le dice que tiene que moverse y hacer algo para solucionarlo. El héroe no quiere saber nada, pero no le queda más remedio, porque su mundo se desmorona. Aprende nuevas cosas y se enfrenta a retos en los que o acierta o lo pierde todo. Afronta el origen de su miedo. Entiende el precio que puede pagar por su éxito y por su fracaso. Lucha con todas sus fuerzas. Y, finalmente, vuelve a casa transformado.

EJERCICIO DE TRANSFORMACIÓN

Describe la transformación de la persona que eras antes del viaje y la que sientes que eres ahora.

He pasado de .... a ....
....

Un día cualquiera antes era .... y ahora soy
....

Antes sentía .... y ahora siento
....................,....

Antes valoraba .... y ahora valoro
....

También las empresas siguen esta narrativa y usan esquemas como el del conocidísimo libro *Cómo construir una Story Brand* de Donald Miller, donde se aconseja: «Clarifica tu mensaje para que la gente escuche».

Es el viaje del héroe aplicado a productos y servicios. Las empresas lo usan para entender qué necesidad cubre su producto o servicio, y cómo va a mejorar la vida del consumidor satisfacer esa necesidad.

Si fallas en alguna de las dos premisas, no tienes nada.

¿Qué necesidad crees que podrías satisfacer
y que tu entorno demanda?

Un esquema japonés muy preciso para encontrar el propósito en la vida ha sido plasmado por nuestro querido amigo Francesc

Miralles en el libro *Ikigai*. Una de las variables que se maneja es: «¿Qué es lo que el mundo necesita?» (que tú puedas ofrecer).

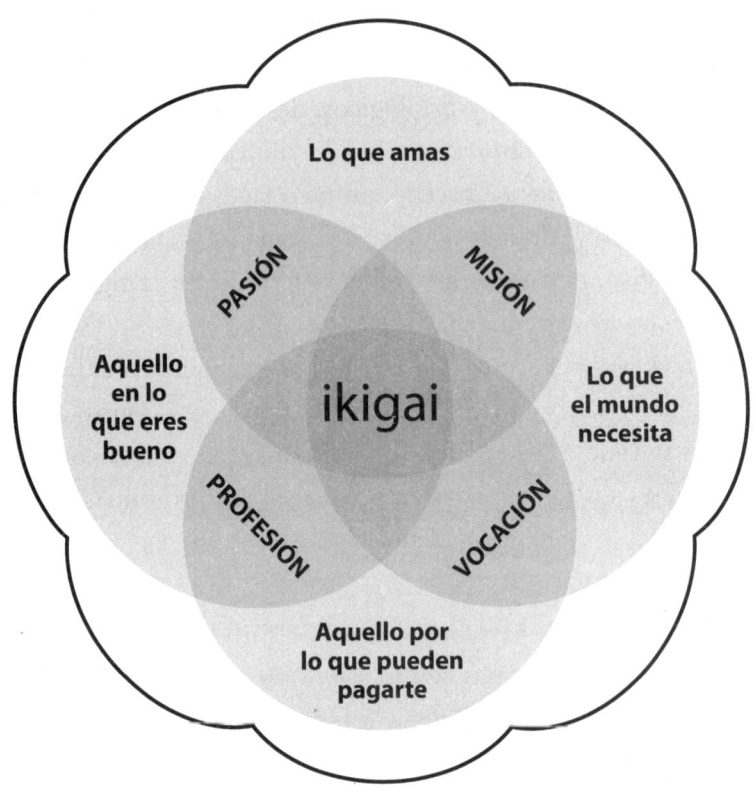

Medita, maldita

Si conoces la Nueva Medicina Germánica del Dr. Hamer, el libro *La enfermedad como camino* de los psicólogos Dahlke y Dethlefsen, y otras muchas teorías sobre el origen de la enfermedad, tal vez sepas que están basados en la medicina tradicional china, que lleva milenios hablando de las implicaciones de la energía del cuerpo. Más en concreto, de las implicaciones del flujo de la energía psicoemocional en los órganos reflejos.

Por ejemplo, la energía de la rabia se acumula en el hígado. Curiosamente, se ha demostrado a través del escáner cerebral cómo la zona del cerebro que se activa al gestionar la rabia y el hígado es la misma.

Tal vez por eso se dice (al menos en España) que «te sale la bilis» cuando estás enojado y rabioso.

La energía que no se canaliza se estanca. Y se almacena en el órgano reflejo. Mantenido en el tiempo, eso puede provocar desequilibrios bioquímicos y fisiológicos, desatando la enfermedad.

Recuerdo cuando mostré a mi padre un párrafo del libro *La enfermedad como camino*. Al hacerlo, primero tapé con el dedo el título «Enfermedad de Parkinson». Mi padre tenía esta enfermedad neurodegenerativa, cuyos síntomas se caracterizan por la rigidez y los temblores en las extremidades.

Le hice leer el párrafo, que decía algo así: «quienes sufren esta enfermedad suelen ser personas muy responsables, controladoras, que cargan todo a sus espaldas. No piden ayuda y no se conceden espacio para sus necesidades emocionales más profundas».

—Parece que están hablando de mí —dijo en voz alta mi padre al leer el párrafo.

Cuando levanté el dedo se sorprendió muchísimo al leer el título. Para un doctor en Biomecánica (física aplicada al movimiento humano) de mente racional era una sorpresa total.

Su historia es la de una niñez marcada por el alejamiento de sus padres a los ocho años de edad, cuando le enviaron a vivir con sus abuelos y luego con un tío soltero en Madrid. En esa época, un hombre adulto no solía ser la persona más afectuosa del mundo. Además, al ser un profesional de éxito, exigía a su sobrino estar a la altura de un desempeño de alta intensidad.

Sea como fuere, se desarrolló un niño, luego un joven y un profesional del deporte que ha participado en cuatro olimpiadas y triunfado a todos los niveles. Hoy en día ya no puede controlar nada; todo se le escapa de las manos, vive con asistencia continua y busca afecto como un niño.

¿Es casualidad que esa enfermedad le obligue a estar en esa situación, o causa y efecto?

No me atrevería a sentenciar ninguna opción. Pero lo que está claro es que tú eres el origen y, por lo tanto, la solución de tus problemas. ¿No prefieres tener una oportunidad de hacer algo respecto a tu vida?

Mucha gente critica los mensajes simplistas como: «Puedes ser todo lo que quieras» o «Si no lo consigues es porque no te esfuerzas suficiente», y tienen razón.

No podemos ser todo lo que queremos. Las circunstancias externas e internas van a influir de forma irremediable en nuestro devenir. Si nacemos en un estrato social desfavorecido, lo vamos a tener mucho más difícil para progresar en general. Hay que ser realista.

Si escuchamos las teorías de cualquier gurú o *coach*, podemos frustrarnos fácilmente. Pero es que entonces no se ha entendido lo que es el *coaching*. El *coach* jamás te dice lo que tienes que hacer, solo te plantea escenarios en los que tú debes decidir. Todo lo demás, son opiniones sobre la vida.

¿Prefieres tener la opción de decidir dentro de tus posibilidades
o asumir que no se puede hacer nada?

Existe una oportunidad dentro de la enfermedad, dentro de la dificultad, dentro del problema, para transformarte.

Ya sea a través del análisis de tu propia personalidad, de cómo canalizas o reprimes tu energía, de cómo desarrollas tu labor profesional o de cómo es la dinámica de tu empresa, siempre hay factores que están en tu mano reconducir.

¡Medita, maldita mente distraída!

Cierra los ojos y observa los pensamientos recurrentes que la recorren. Analiza a quién culpas de las situaciones, cómo las justificas, y anota mentalmente las repeticiones.

De esa forma generarás más consciencia sobre lo que es tu vida.

Y potenciarás tu energía. La energía lo es todo, y resulta increíblemente abundante cuando te centras en lo que es realmente importante resolver. Si no lo haces conscientemente lo vas a hacer inconscientemente y ahí se genera el «tumor» de tu vida.

La tristeza no se evapora, se concentra en algún lugar, al igual que la rabia, la desesperanza o la frustración. En fin, lo esencial es entender que detrás de tu dificultad hay una oportunidad de evolución y, por lo tanto, la magia de la trasmutación de la energía hacia la salud y el bienestar.

¡Descubre tu magia interior!

UN POCO DE SÍNTESIS

- Muchas veces solo descubrirás tu habilidad oculta después de haber pasado por tu infierno particular.
- Tu superpoder está en el autoconocimiento.
- Poner rumbo hacia tu «para qué» es encaminarte hacia la magia; pasar a la acción es materializarla.
- Lo más importante que podemos hacer con lo que nos pasa es otorgarle un significado.
- Aceptación, gratitud y un poco de suerte es todo lo que necesitas para salir adelante.
- Descomprimir es estar abierto a lo que ocurra, aprendiendo de las posibilidades. Es escuchar la vida y favorecer el cambio.
- La verdadera fuerza de la vida es la necesidad.
- Existe siempre una oportunidad dentro de la enfermedad, la dificultad y el problema para transformarte.

9. El gemelo feo
El Pepito Grillo que vive dentro de ti

¡Lo que has tenido que aguantar para llegar hasta aquí! La de cosas que has escuchado de su boca sucia y entrometida, cada vez que te propones hacer algo.

Es hora de hacer algo al respecto. Te has ganado volver a casa y ajustar cuentas con tu gemelo feo.

A estas alturas del viaje, de regreso al hogar, te habrás dado cuenta de que la voz de tu gemelo feo es la tuya propia, y que cuanta más comprensión, cariño y compasión tengas por él, más suaves son sus quejas.

Si hay algo que debemos aprender es aceptarnos sin condiciones. Aquí empieza la verdadera transformación.

«Aquel que tiene un porqué para vivir encontrará siempre un cómo», decía Nietzsche en el siglo XIX, una inspiración que, años después, recuperó Viktor Frankl. El fundador de la logoterapia se enfocaba en encontrar el significado de la vida, incluso en medio de desafíos y sufrimientos.

Para el tema que nos ocupa, se trata de entender las razones de nuestro sufrimiento, las quejas y juicios que nuestro gemelo feo ha desplegado en nuestro camino. Necesitamos comprender el trasfondo de sus palabras. Descubrir el sentido de la vida es un viaje de dentro hacia fuera, y la primera capa que encontramos es la voz de nuestro gemelo feo.

Recuerdo la frase que dijo mi psicóloga en nuestra primera sesión de terapia, cuando yo tenía diecinueve años y la cabeza hecha un nudo:

—La vida es como esta moneda; la lanzas y te toca cara o cruz, pero después vuelves a tomar la moneda y vas decidiendo si quieres que salga cara o cruz.

Al principio pensé: ¿para esto vengo a terapia, para lanzar monedas? La verdad que salí cabreado de la consulta. ¡Qué tontería!

Volví un par de veces más, pero ya le había cogido manía a la terapeuta. Solo verle la cara me irritaba, a la vez que pensaba cosas como: «¿Qué carajo se habrá creído esta tipa? ¿Que la vida es lo que yo decida? ¿Que si me siento mal es porque soy idiota?».

Tiempo más tarde comprendí la lección obvia de la moneda.

Tu primera moneda la lanza alguien por ti (tus padres, el universo, la reencarnación o lo que tú creas) y, por mucho que te empeñes, ha caído de un lado determinado. No puedes hacer otra cosa que asumir el resultado.

Después el juego se vuelve dinámico. Una vez entiendes las reglas de la existencia, puedes influir en su curso a través de las decisiones que tomas.

Y bajo esas decisiones hay un *porqué* y un *para qué* que conviene explorar.

Yo hablo en público para conectar con otras personas en su búsqueda de propósito vital. Esa acción de conectar con los demás me anima a ser auténtico, a exponerme y, por lo tanto, también a sentirme vulnerable ante las críticas.

Esto último incluye las mías: mi gemelo feo está ahí para recordarme, cuando estoy encima del escenario, que «Tú no eres nadie para estar aquí, ¡qué sabrás tú!». Me siento un impostor y, al mismo tiempo, busco la aprobación y validación de los demás. Por este motivo, me pongo nervioso y rígido.

Al principio de cada charla me enfurece sentirme así. ¿Para qué te expones a esto, Álvaro? Por muchas conferencias que dé, no puedo evitar la angustia, pero, al aceptarla, va desapareciendo y yo me quedo ahí, como si estuviese desnudo.

El proceso merece la pena cuando percibo que estoy conectando de verdad con los demás a través de mi historia y de mis reflexiones. Entonces me doy cuenta de que es lo mejor que puedo estar haciendo con mi vida.

Al mismo tiempo, las personas a las que estoy hablando tienen también la oportunidad de exponerse. Se sienten en un espacio seguro, en el que nada es incorrecto; no hay nada que puedan confesar que vaya a ser objeto de crítica.

Todos desnudos, con el corazón conectado con el de los demás, comienza una orgía de posibilidades. ¡Qué maravilla!

¿Qué espacios creas contigo mismo y con los demás,
donde os podáis expresar con confianza,
sin tapujos, sin condiciones?

Eres capaz de lo mejor y de lo peor

Tu gemelo feo cumple su función. Si luchas contra él, se hinchará de argumentos y, al contrario, si lo aceptas, se desinflará.

Si le explicas «para qué» has decidido hacer algo, aun así, parloteará en el momento menos oportuno, pero al menos no te paralizará con sus críticas. Imagina que literalmente le tomas de la mano y le dices: «Ok, te escucho, pero ven conmigo, porque lo voy a hacer igualmente».

El caso es que es tu hermano y no te queda otra que tolerarle. Partiendo de ahí, es mejor querer a alguien que se parece tanto a ti que despreciarle, evitarle o callarle.

Está claro que el gemelo feo representa tu miedo y, a estas alturas del viaje, no creo que contemples el miedo como una cosa fea o algo que vencer, enfrentar o huir. Sabes que te advierte de los peligros con la mejor intención, quiere preservarte sano y salvo, aunque para eso tenga que utilizar los trucos más sucios.

Es más, ¿qué pasaría si te digo que el gemelo feo es el sabio y el gemelo guapo, o sea, quien tú crees que eres, es el miedoso?

A ver, tú has apostado por mostrar una cara al mundo, has adoptado un papel determinado para que te acepten y por temor a que te rechacen. Tú, yo y todos nos hemos identificado con una fachada idealizada y convenientemente maquillada. Pero también somos la sombra que vimos al principio del libro.

Eres compasivo y a la vez eres cruel. Como sucede en la física cuántica, no eres A o B, eres A *y* B a la vez.

Si no hubiese crueldad en ti, no sabrías reconocerla. Utilizando un símil con los idiomas, si no sabes nada de ruso y oyes una palabra en ese idioma, solo será un sonido que no produce ningún efecto en ti.

No te digo que seas Hitler, pero sí un fanático de tu personalidad, un *hooligan* de tus creencias, un dictador que no te deja cambiar.

Si me estás negando o insultando mentalmente y te molesta esto que escribo... por algo será.

Una vez asistí a una conferencia en Madrid que impartía un psicólogo estadounidense y que empezó pidiendo al enorme auditorio de casi mil personas:

—Por favor, que levante la mano quien conozca a un mentiroso.

Como te puedes imaginar, todos levantamos la mano.

Siguió diciendo: «Que levante la mano quien conozca a un egoísta / manipulador...», y así sucesivamente.

Todo el mundo levantaba la mano.

Luego cambió la pregunta y pidió que levantase la mano quien se considerara a sí mismo un mentiroso/egoísta/manipulador, etcétera. El resultado fue del todo diferente: nadie levantó la mano.

A continuación explicó que, por estadística, tenía que haber un porcentaje altísimo de error en el segundo resultado, ya que éramos un número de personas suficiente en esa sala como para hacer una media extrapolable al resto de la población mundial.

¿Cómo es posible, si no, que todo el mundo conozca a un mentiroso, pero no haya ninguno en la sala?

Las lecturas pueden ser muchas, pero yo me quedo con que juzgamos y somos juzgados. Y de nosotros solo queremos ver nuestra cara amable y maquillada, la que hemos elegido para mostrarnos al mundo.

Cuando yo vivía mi vida de ensueño ganando dinero, surfeando, con buenos amigos, pareja, etcétera, mi gemelo feo me molestaba con sus retos: «Deberías surfear mejor / ganar más dinero / ser más feliz», etcétera.

¿Era mi gemelo feo el origen de aquellas ideas, o solo hacía de amplificador de mi naturaleza insatisfecha y sin sentido? Yo creo que era más bien esto último. Por lo tanto, solo repetía algo que ya estaba dentro de mí.

Y ahí vuelve la incómoda verdad: *solo cuando te aceptes con tu luz y tu sombra, encontrarás sentido a tu vida.*

¿Te crees capaz de quedar con tu hermano y hablar de todos los temas incómodos que han quedado pendientes, sin reaccionar y sin dar tu opinión? Bastaría con pedirle un *feedback* sincero de cómo te ve, que te explique quién eres a sus ojos.

Eso sí, por cada cosa positiva que te diga, pídele que te confiese una negativa. Prométete no tenerlo en cuenta, eso sí, ni hacérselo pagar en el futuro. Si con tu hermano no te atreves, o si eres hijo único, hazlo con un amigo de toda la vida.

La evitación

Como ser humano cómodo y miedoso, dedico energía a desenvolverme en las situaciones que controlo mejor y evito las que me hacen sentir vulnerable.

Lo que escondo dentro de mí no puedo dejar que lo vean. Por eso me niego incluso a mí mismo la aceptación de esa parte.

Cada cual utiliza sus estrategias de defensa (me reivindico, huyo, critico, me posiciono, controlo, etc.) para reforzar mi posición y esconder mi debilidad.

De esta manera, creo una coraza que esconde una necesidad.

Voy a poner un ejemplo: no voy a ir más a casa de mi amiga María. Me irrita su sumisión; está siempre pendiente de su marido.

Pregunta: ¿qué parte de ti niega la necesidad de que alguien esté pendiente de ti? o ¿qué necesidad tienes de atención?

Cuando yo me molesto por la sumisión de alguien, pretendo mostrar que yo soy lo contrario, pero en realidad se trata de una proyección de algo que llevo dentro. Por eso, en el capítulo dedicado a la sombra y la proyección aprendimos que aquello que te molesta de los demás revela algo que no aceptas de ti mismo.

Compensación

Todos tendemos a mostrar la mejor versión de nosotros mismos, a la vez que ocultamos la sombra.

Por ejemplo: tengo la creencia de que soy muy generoso con mis amigos, y estoy siempre disponible cuando me necesitan.

Pregunta: ¿qué obtienes a cambio de esa generosidad?

«Dar» significa «recibir» de una u otra manera. «Dar» también significa quitarse a uno mismo, lo cual es lo contrario de ser generoso con uno mismo.

Puede que obtengas reconocimiento, favores futuros o que ese acto reafirme tu autoimagen de entregado y bondadoso.

Ancestros de poder

Por favor, a medida que leas esto, cierra los ojos de vez en cuando para experimentarlo y sentirlo. Te propongo una visualización.

Estás caminando por una pradera. Miras hacia abajo y ves tus pies avanzar. En el horizonte, contemplas una gran casa de campo con una cerca que la rodea y una gran puerta enrejada.

Llegas caminando hasta la puerta y la empujas. Entras en el jardín y avanzas por la propiedad. Cuando subes al porche, sientes la madera crujir bajo tus pies.

Abres la gran puerta para entrar en la casa. Una espaciosa sala en penumbra se abre ante ti. En el centro hay una butaca antigua iluminada por un haz de luz que proviene del techo. Avanzas hasta el centro de la estancia y te sientas en la butaca.

Sientes el peso de tu cuerpo sobre el asiento, así como el cómodo respaldo contra tu espalda. El rayo de luz ilumina tu cabeza desde arriba. Te sientes tranquilo y conectado con una fuerza misteriosa. Te sientes en casa. Tranquilamente, cierras los ojos y te relajas hasta dormirte.

Sueñas con una gran familia a tu alrededor. Una sensación de protección y seguridad te envuelve.

Cuando despiertas plácidamente, estiras tu cuerpo y te pones de pie. Sientes un roce en la pierna.

Miras hacia abajo y ves que un gato se restriega suavemente contra tu pierna. Luego se aleja para desaparecer en la penumbra.

Sales de la sala y dejas la puerta abierta tras de ti. Oyes la madera del porche crujir bajo tus pies. Bajas al jardín y lo recorres hasta la gran puerta de rejas que también dejas abierta tras de ti.

Al caminar y alejarte de la casa, notas un roce sobre tu hombro. Te giras y ves que tu padre ha puesto su mano en tu hombro derecho y te acompaña. Ahora sientes una mano en tu hombro izquierdo y descubres, al girarte, que es tu madre quien te acompaña. Contemplas cómo, a su vez, sus padres se han posicionado detrás de ellos con sus manos sobre sus hombros y los acompañan. Asimismo, detrás de tus abuelos están sus padres. Y así sucesivamente, en un triángulo de cientos de personas que te siguen y te apoyan.

Te das cuenta de que eres la punta de lanza de todo lo que ha tenido que pasar para que tú estés aquí.

Sientes fluir un torrente de energía que te impulsa hacia delante. Ahora entiendes toda tu historia viva detrás de ti, y te embarga un poder que nunca antes habías sentido. Te sientes imparable. Y dices en voz alta:

¿Crees que me voy a detener por un problema en el camino?
¿Crees que toda mi familia ha sufrido, peleado y luchado
para que yo me detenga ahora?
¿Crees que me puedes detener?
¡Inténtalo y te demostraré quién soy y de dónde vengo!

Estoy cien por cien comprometido con mi proceso. Estoy dispuesto a afrontar mis dificultades y voy a utilizar el tiempo que se me ha concedido. Estoy preparado para alcanzar mis objetivos.

Soy parte de un legado que no se va a detener conmigo. Soy energía en movimiento. Soy parte de la expansión de la consciencia en este planeta y en el universo. ¡Estoy preparado!

Cierra los ojos ahora y permítete sentir este torrente de energía que eres.

Siente el orgullo de ser quien eres y de estar aquí.

Los tres grandes miedos

Espero que tengas claro que nunca has estado solo y que nunca lo estarás. Incluso después de morir, tu recuerdo, tu legado y tu energía seguirán.

Los grandes miedos que tenemos los humanos son la muerte, el sufrimiento y el futuro. Y estos son, a su vez, tus aliados para afrontar y planificar tu vida.

El dolor es un preciso consejero. La muerte nos impulsa a aprovechar la vida. El futuro es un mapa que solo nosotros podemos trazar.

Si afrontas todo lo que eres y sientes, incluyendo lo que se oculta en tu sombra, y te prometes estar ahí, pase lo que pase, nunca te sentirás solo.

Además, ahora ya sabes que eres la punta de lanza de tu gente. Te sugiero que te preguntes:

¿Qué es lo que más temo que nunca ocurra en mi vida?

Siente el dolor de que eso nunca sucederá, de que morirás sin conseguirlo, y sufre por ello.

Acto seguido, conéctate con la energía de tus ancestros. Eres la punta de lanza. Ponte en movimiento hacia tu objetivo, hazlo ¡ahora mismo!

En mi caso, mi mayor temor es no hacer nada significativo en la vida, nada que importe. Me siento vacío al pensar que podría llegar al final de mi trayectoria sin haber aportado algo de valor al torrente de consciencia vital.

Este sentimiento me hace sufrir y me siento tentado a taparlo con mil distracciones. Pero, incluso así, seguirá operando en la sombra.

Si te duele es que te importa. ¡Encuentra la manera de manejarlo!

Da las gracias por tu vida, porque ha sido como ha sido.

Han faltado cosas y han sobrado otras, pero todas suman.

Elige dar sentido a todo lo experimentado y plásmalo a través del canal que hayas encontrado para tu creatividad y tu propósito.

Mi canal ha sido este libro. *¿Cuál es el tuyo?*

Y, cuando detectes que te pones en plan quejica, date una patada en el culo y pregúntate:

¿Has llegado hasta aquí para ponerte a lloriquear por si las cosas salen mal, por si te critican o por si aquello que te propones no le importará a nadie?

Trabaja más duro.
Estruja tu cerebro.
¡Encuentra la manera!

UN POCO DE SÍNTESIS

- La verdadera transformación empieza cuando te aceptas sin condiciones.
- Conviene explorar el **porqué** y el **para qué** de nuestras decisiones.
- No eres A o B, eres A **y** B a la vez.
- Pedir **feedback** a un hermano o amigo sobre lo mejor y lo peor de ti puede suponer un trampolín hacia el cambio.
- Tendemos a mostrar la mejor parte de nuestra personalidad, ocultando la sombra. Sin embargo, necesitamos integrar ambas.
- Tus grandes miedos —la muerte, el sufrimiento y el futuro— son tus aliados para progresar en la vida.
- Si te duele es que te importa y debes encontrar un modo de manejarlo, de realizar lo que necesitas hacer.

---

10. De víctima a héroe

Las etapas de tu viaje de transformación y vuelta a casa

Este último capítulo es un bloc de notas en las que sintetizo, en clave práctica, lo que hemos ido viendo a lo largo de todo el libro. Vamos a empezar con las claves para hacer del miedo tu aliado y fuente de inspiración:

1. *Define el obstáculo del camino.* ¿Cuál es la prueba a la que te enfrentas? ¿Es un acontecimiento externo a ti? ¿O es algo interno que se manifiesta fuera?
2. *Las emociones son la clave*, pues te informan de dónde estás ahora y de cómo vives lo que vives.
3. Para eso hay que *desarrollar la figura del observador*, que no juzga, solo anota.
4. El objetivo es *hablar de nuestro miedo secreto* para abrazarlo con *aceptación y amor*.
5. Así es como *transmutas el miedo en oportunidad.*

En el proceso que describiré a continuación hay varias cosas a las que debes prestar atención. Una de ellas es que señalamos o criticamos justo lo que necesitamos aprender, aquello que nos llevará a desarrollar nuestra habilidad oculta, la que nos hará más fuertes.

También debes fijarte en aquello de lo que careces, quizá porque no te lo concedes. Darte cuenta de ello te conmueve y te mueve hacia delante.

Por otra parte, como hemos ido viendo a lo largo del libro, no hay que olvidar que el miedo y el deseo son dos caras de la misma moneda. De hecho, atracción y repulsión son la misma energía que viaja en diferentes sentidos.

Cada uno tiene sus mecanismos, así que analiza tus creencias y entenderás el origen de tu reacción con una u otra polaridad, miedo o deseo.

En todo caso, para la aventura que se abre ante ti, una vez cierres el libro, toma nota de todo lo que verás en esta síntesis, pero deberás encontrar tu propia fórmula. No hay leyes, solo experiencias.

El proceso que te lleva del miedo a la sabiduría y la liberación pasa por las siguientes fases que hemos ido viendo en los distintos capítulos de este libro:

1. La importancia del miedo como motor (*encuentra su origen*).
2. Localiza tu miedo profundo (*siente*).
3. Analiza cómo influye en tu vida (*observa*).
4. Entiende sus razones (*acepta*).
5. Utiliza tu dificultad como brújula en el camino (*confía*).
6. Transforma la energía; ama tu miedo (*toma consciencia*).
7. Define una visión potente a la que aferrarte (*visualiza*).
8. Encuentra tu propósito vital (*define tu para qué*).

Tu habilidad oculta: el caso de Laura

Para ayudarte a encontrar tu habilidad oculta puedes seguir el ejemplo que te aportaré a continuación con cualquier persona que conozcas bien.

Te pongo el caso de una persona que decidió estudiar Psicología para comprender su propio embrollo mental.

Mi querida amiga Laura era «todo oídos para todos»; la escuchadora ideal, siempre apacible, comprensiva y de carácter fácil. Decidió estudiar Psicología, probablemente, por su tendencia natural a acoger los problemas de los demás y tratarlos con comprensión.

Lo curioso es que, tras terminar la carrera, no tuvo ningún interés en trabajar como psicóloga. En vez de eso, se ha dedicado profesionalmente a desarrollar labores de creación y coordinación.

Yo, siempre provocador, solía preguntarle: «¿Qué característica es la que más odias de los seres humanos?»; ella dio prioridad al protagonismo que se reclama de forma enfermiza en el narcisismo.

Si le damos la vuelta al asunto, aquí la pregunta sería: «¿Qué protagonismo se ha negado Laura?».

Es curioso que una persona amable y de carácter complaciente se haya ido reivindicando, con el tiempo y la madurez, como organizadora y creadora. Esta es su habilidad oculta.

O sea, al rechazar el papel de contenedor de los problemas de los demás ha logrado desplegar su verdadero talento.

—¿Qué temes no sentir nunca en tu vida? —le pregunté.

—Una felicidad plena —me contestó—. Eso y no llegar nunca a estar segura de mí misma.

Al final, no hay casualidades en nuestro proceso evolutivo.

Una persona complaciente suele basar su seguridad en la valoración de los demás. Con el tiempo, Laura ha reivindicado su independencia, sus propias opiniones, su creatividad y sus facultades de organización, lo cual está estrechamente relacionado con la seguridad.

El *miedo maestro* ha hecho su trabajo, señalando la necesidad oculta de seguridad por parte de Laura. Al descubrirlo, comprendió que su camino no era reforzar «lo que se le da bien», o sea, escuchar y ser complaciente, sino reafirmar sus opiniones personales y ganar independencia.

Si utilizas esta lógica terapéutica, con todo lo aprendido en este libro, darás un salto evolutivo. La felicidad es el proceso, el camino consciente; probablemente este sea el único propósito de una vida humana.

La felicidad presente

Comenzamos este viaje hablando del libro *El Secreto*, que, para hacer realidad tus objetivos, te dice: «Deséalo con todas tus fuerzas y lo conseguirás», «el universo conspira para que lo logres», etcétera.

Sin embargo, maestros como Eckhart Tolle señalan que si nos aferramos al resultado, nos alejamos de él, porque el hecho de pensar en «cuando lo consiga» lleva tu capacidad de conseguirlo fuera de tu única realidad, que es el presente.

Solo sintiendo como si hubieras ya alcanzado tu objetivo, es decir, con «presencia», lo conseguirás, afirma él.

Por eso, todo lo que vives, incluido el dolor, el miedo, el rechazo, el valor, etcétera, debe ser integrado como parte del proceso, aceptado y vivido con plenitud para así trascenderlo.

En el presente todo es bienvenido y abrazado como parte de mi evolución.

Un *hack* mental

Muchos métodos de desarrollo personal fallan porque no trabajan allí donde se mueven las emociones profundas. Por eso, en este libro me he propuesto que nos familiaricemos con los extremos, para así traerlos a lo cotidiano.

Sea cual sea mi objetivo concreto (disciplinarme, emprender, fortalecerme, etc.), tengo que llevarlo al plano emocional profundo y, si detecto bloqueos o frenos, averiguar de qué me estoy protegiendo para no comprometerme con mi proceso.

Cuando asumes la vulnerabilidad de asomarte al dolor, algo que inevitablemente aparece cuando uno se asoma a sus debilidades, tomas consciencia de quién eres y qué necesitas para vivir.

La vida no es solo nacer, crecer, amar, comer, trabajar y morir. Hay algo más: la evolución y la propia consciencia del proceso.

Lo único que me diferencia de los animales es la consciencia que tengo respecto a mis acciones, mi relación conmigo mismo y con el mundo. El camino de la vida probablemente no sea más que el desarrollo de esa conciencia. Nada se detiene, todo se mueve, todo cambia. Y en ese flujo cada ser humano tiene que evolucionar.

Por lo tanto, tu evolución es una cuestión de vida o muerte.

Lo fundamental ahora es que localices tu objetivo.

Averigua qué emoción oculta te ha impedido hasta ahora conseguirlo. *¿Qué esconde tu falta de compromiso, tu ansiedad, tu temor?*

Por ejemplo, si no consigo disciplinarme, me sentiría un fracasado y por eso prefiero no tomármelo muy en serio, no esforzarme, así que me distraigo. Mi emoción oculta sería el miedo a no valer o a no merecer o algo similar.

¿Cómo averiguo cuál es la emoción oculta?

Preguntándome:

¿Qué temes que los demás descubran o tú mismo descubras si no consigues tu objetivo?

El siguiente paso es imaginar la cercanía de tu final.

Siente cómo tu tiempo se agota. Siente la angustia de no haber afrontado tus temores y de haber dejado escapar la oportunidad de hacer o conseguir aquello que realmente era importante para ti.

Sumérgete en la emoción que aparezca: angustia, vergüenza, lo que sea... Date permiso para sentir, sin juzgarlo; limítate a sentir.

Y ahora, desde tu posición de observador, visualiza cómo esa emoción sale de ti desde el centro de tu pecho y se hace un globo, un muro, una cara o lo que surja frente a ti.

Ahora *hackea* tu mente para convertirte en la punta de lanza que eres. Todo tú formas un afilado triángulo, con tus ancestros empujando y transmitiendo una fuerza descomunal que te hace salir disparado y atravesar ese obstáculo frente a ti. Eres la punta de lanza que abre camino, un poder abrumador que atraviesa cualquier cosa. La energía de la vida que se materializa en ti. Un rayo de energía en forma de lanza.

En la fuente de ese poder, detrás de ti, están todos los tuyos, concentrados impulsando tu cuerpo hacia delante.

Ya no vas a parar, es imposible.

Derribado el obstáculo, te das cuenta de que ya eres esa persona que deseas ser. Compórtate como tal. ¡Ya eres eso!

¿Puedes sentir tu poder ahora mismo?

Volviendo a mi caso personal, mi objetivo era escribir este libro, dar conferencias, conectar con la gente.

Mi emoción oculta era el terror a la crítica, a que me ignoren, a no ser nada.

Para impulsarme hacia mi objetivo, me veo a mí mismo, viejo y agonizando, lamentándome por no haberlo intentado. Mi hija tiene que limpiarme las babas, darme de comer, cambiarme los pañales. Soy su padre y por eso me quiere, pero no me admira.

Un último pensamiento me hunde antes de desaparecer: podría haberme comportado como una persona digna y comprometida, aprender más, trabajar duro, escribir hasta tener la seguridad de que lo he dado todo.

Entonces, en ese momento de vacío y desesperación, me observo desde fuera y acepto, siento, no juzgo. Veo salir toda esa vergüenza desde el centro de mi pecho, que da forma a una masa gruesa, gelatinosa e informe frente a mí.

Acto seguido, siento la mano de mi padre sobre mi hombro. Y a continuación la de mi madre. Miro atrás y veo a tanta gente apoyándome y transmitiéndome su fuerza que eso me llena de poder.

Ahora me siento imparable. Mis ancestros y mi voluntad de realizarme me impulsan hacia delante. Salgo disparado como la punta de lanza que soy. Reviento obstáculos, soy fuerte y decidido. Lo atravieso todo. Nada puede pararme.

Lloro de emoción y alegría. Me pongo a escribir estrujando mi corazón hasta que no quede ni una gota de sangre por ofrecer. Ese es mi tributo a la línea de vida anterior a mí. Este es mi legado.

¿Cuál es el tuyo?

Adapta esta visualización a ello y... ¡a por tu objetivo!

¿Cuál será tu legado?

Quiero que sepas que, mientras escribo estas líneas, mi padre, Fernando Vizcaíno, ha fallecido el día 6 de agosto de 2024. Estaba muy enfermo, con párkinson, como ya te conté, y su situación era delicada desde hacía tiempo.

Su energía está viva en este escrito. Ayer, en el funeral, toda la gente que le conocía coincidía en contar cómo les había ayudado de una forma u otra, sobre todo a sacar proyectos adelante confiando en su iniciativa.

Entrega, humildad y dedicación, eso era lo más repetido al hablar de mi padre. Su gran energía y su humanidad, aunque quizá fuera demasiado responsable, ha dejado huella. No solo en mi corazón, por ser su hijo, sino en las vidas de muchas personas a las que brindó su apoyo incondicional.

Esto me ha llevado a preguntarme: *¿cuál será mi legado?*

Con el ejemplo de mi padre, me doy cuenta de la influencia que tenemos en los caminos de los demás.

Lo curioso es que, antes de su fallecimiento, yo había descrito el método de la lanza de los ancestros y el *hack* mental. Lo utilicé en el momento que más lo necesitaba en mi vida: para salir de aquella playa, para encontrar el valor de meterme al mar.

Literalmente, pensé en mi familia viva y en los que estuvieron antes de mí, en todo lo que han pasado ellos y en la afortunada casualidad, en el milagro de la existencia que permite que yo esté aquí, que tú estés aquí.

Gracias, papá. Te debo la vida.

El biólogo Richard Dawkins, autor de *El Gen Egoísta*, escribió lo que sigue para que lo lean en su propio funeral:

«Vamos a morir, y eso nos convierte en los afortunados. La mayoría de la gente no morirá nunca, porque no va a nacer nunca. La gente que podría haber estado en mi lugar, pero que, de hecho, nunca verá la luz del día, sobrepasa con creces el número de granos del desierto del Sahara. Sin duda, entre esos espíritus no nacidos hay poetas más grandes que Keats, científicos más grandes que Newton. Sabemos esto porque el conjunto de personas posibles que permite nuestro ADN supera de forma masiva al conjunto de las personas que existen. A pesar de esta abrumadoramente pequeña posibilidad, somos tú y yo, en nuestra vida ordinaria, quienes estamos aquí. Nosotros, los pocos privilegiados que ganamos la lotería de nacer contra todo pronóstico, ¿cómo nos atrevemos a lloriquear por nuestro inevitable regreso a ese estado previo del que la inmensa mayoría jamás escapó?».

Nos ha tocado la lotería, ¡joder, qué maravilla! ¡Aquí estamos, amigo!

Hagamos de esta increíble casualidad que es estar vivos algo emocionante, algo hermoso que merezca la pena. Demos las gracias por el milagro de estar aquí, y seamos dignos de nuestra buena suerte.

Aceptemos nuestro miedo ante las dificultades, como nuestros ancestros tuvieron las suyas.

Estoy seguro de que nuestros ancestros no quieren que seamos perfectos, ni que vivamos sin afrontar dificultades. Al contrario, se sienten orgullosos al contemplar cómo nos comportamos ante ellas. Eso implica contemplar el miedo cara a cara, darle su espacio, dialogar con él, convertirlo en nuestro aliado evolutivo.

«¡Por todos mis muertos, yo voy a salir de aquí, o por lo menos lo voy a intentar!», eso es lo que pensé y me dio fuerzas para afrontar esa natación de incierto resultado, esa prueba que *a priori* era imposible de pasar. «Si me ahogo quiero que sepan que lo intenté, que he muerto con actitud de luchador».

Y me metí al mar muerto de miedo, pero lleno de energía, la de la oportunidad de demostrarme que entendía la prueba a la que me enfrentaba, que era consciente de mi decisión y que esta decisión era el resultado de mi proceso.

Recuerda: solo el que está vivo tiene miedo.

Gracias, miedo, por mostrarme el camino.

La visión

Es muy complicado acertar a una diana si no sabes dónde está, si no practicas y apuntas cada día. Eso mismo pasa con los objetivos y con nuestra visión de vida.

> *Recrea un momento, un lugar y una sensación*
> *(emoción)*
> *de esa persona que quieres ser.*
> *Compórtate como si ya fueses esa persona*
> *y estuvieses en ese lugar.*

Yo soñaba con marcar la diferencia, no sabía bien cómo, pero sabía que quería ayudar a otras personas a conectar con algo importante en su vida.

Una vez encontrado el canal, la manera de hacerlo, recreé la situación: me vi dando un paseo por la playa, contemplando el horizonte al atardecer mientras imaginaba a otras personas reflexionando o leyendo una idea que yo les había propuesto.

Una sonrisa de satisfacción se dibuja en mi cara. Una sensación de ligereza y conexión que significan mucho para mí. Me siento completo, he cumplido con mi visión y con mi misión en la Tierra.

¡Y, fíjate, ya se ha hecho realidad! Aquí estás tú, con este libro entre las manos. Ahora ya sabes dónde estoy yo y cómo me siento, conectado a ti para siempre, mi querido compañero de camino.

Apoyarte a que tomes decisiones con sentido da sentido a mi vida. Sin ofrecerte algo yo mismo pierdo el rumbo. Deseo tu bienestar tanto como el mío; de hecho, están vinculados y unidos para siempre.

Cada uno enseña lo que necesita aprender.

Cada uno teme, odia y opina justo de aquello que más necesita aprender a manejar. Vivir mejor es dar sentido a la otra mitad de nuestra vida; la energía y las motivaciones que pertenecen ocultas tras nuestras rutinas, opiniones, críticas, ideas, distracciones, etcétera. Esa parte que necesita ser escuchada para complementarnos, para otorgarnos verdadera fuerza.

Entiéndete para superarte. Entiéndete para dar sentido a tu vida.

Abraza el mensaje de tu miedo maestro. Abrázate cuando menos crees merecerlo porque es cuando más lo necesitas.

Confío tanto en ti que he escrito este libro para ti, porque sabía que te iba a encontrar. Te admiro por tu valentía. Ánimo, ¡sigue así!

Puesto que todo este último capítulo ha sido una síntesis del libro, terminaré resumiendo tu plan de viaje para que lo completes:

1. Hay un HÉROE (o sea, tú), el «gemelo guapo», que quiere para su vida ....

2. Pero tiene unos PROBLEMAS:
   • Externos (algo que le impide o que no tiene) ....
   ....
   • Internos (algo que siente) ....
   • Filosóficos (su ideal) ....

3. Y tiene un ENEMIGO, el «gemelo feo», que intenta que no lo consiga con argumentos y acciones para boicotear su viaje a ....

4. Conoce a un GUÍA que le cuenta ideas nuevas ....
   ....

5. El guía le propone un PLAN ....
   • Que supone un proceso (ideas, pruebas, entrenamientos) ....
   • Hacen un acuerdo (si haces esto conseguirás) ....
   ....

6. Le plantea un RETO (llamadas a la acción concretas y progresivas) ....

7. Para así evitar FRACASAR (describe qué sería fracasar para ti) ....

8. Y así por fin TRIUNFAR (describe qué es triunfar) ......
   ....

9. Para al final TRANSFORMARTE
   - Antes sentía .... y ahora siento ....
   - Antes creía que .... y ahora creo ....
   - Mi valoración ha pasado de .... y ahora me valoro ....
   - Antes pensaba que mi gemelo feo era .... y ahora me doy cuenta de que ....

10. Y VOLVER A CASA con un regalo (describe qué es estar en «casa») ....

¡Feliz viaje!

Epílogo: Sin miedo al miedo

por Francesc Miralles

Querido lector o lectora:

El libro que estás a punto de concluir supone un doble acto de valor por parte de su autor, a quien conocí en Fuerteventura en el curso de una conferencia compartida.

Por un lado, Álvaro tuvo el coraje de sobrevivir a una aventura que habría acabado con cualquiera. De hecho, cuando leí su primer libro, *Solo*, al ponerme en su situación me dije que seguramente yo me habría dejado morir.

Solemos pensar equivocadamente que la muerte nos da miedo, pero la realidad es que se requiere de mucho valor para vivir. Especialmente, cuando la existencia te pone en una aventura tan desesperada como la del autor de este manual.

El segundo acto de valor, quizá mayor que el primero, ha sido contarlo sin filtros, diseccionando su relación con el miedo para entregar al lector herramientas que le sirvan para su propia vida.

Así como no solemos hablar de la muerte, casi nadie habla de sus miedos. Es prácticamente un tabú. Todos llevamos a cuestas los nuestros como una secreta carga que nos avergüenza. Quizá porque los héroes de las películas y de muchas novelas no muestran sus temores, parece como si expresar lo que nos da miedo nos convirtiera en débiles o pusilánimes.

En realidad, como nos enseña sabiamente Álvaro en este libro, el primer paso para hacernos amigos de nuestro miedo es hablar de él en lugar de ocultarlo. Sacarlo a la luz nos permite normalizarlo, entenderlo y superarlo.

Me pondré de ejemplo a mí mismo, que es quien ahora mismo tengo más cerca.

Ha habido momentos en mi vida marcados por el miedo y la ansiedad, hasta el punto de no atreverme a bajar al metro. Además de seguir una eficaz terapia conductista de exposición progresiva, un «clic» sanador fue aceptar que todo eso formaba parte de mí.

«Soy ansioso, ¿y qué? Puedo vivir con ello».

Al aceptar la ansiedad en lugar de rechazarla, me hice amigo de ella y la integré como parte natural de mi vida. Eso convirtió una bestia terrible en un animal doméstico que, simplemente, a veces hay que sacar a pasear.

Esto es algo que todas las personas que han tenido fobias, como yo, conocen bien. Peor que el ataque de ansiedad es lo que se conoce como «pánico anticipatorio». Pondré un ejemplo sencillo por si has tenido la fortuna de no pasar por esto.

Imagina que eres un estudiante con agorafobia y te cuesta horrores estar en un aula universitaria. Hay clases que te puedes saltar, pero otras requieren que estés de cuerpo presente, rodeado de un centenar de alumnos. Y eso, por irracional que sea —no existe un peligro real—, te da muchísimo miedo.

Hoy tienes que asistir a una de esas clases y has dormido fatal pensando en esa situación que tanto te disgusta. Camino de la facultad, te imaginas entrando en el aula, donde hace calor o, al menos, a ti te parece que no hay aire para respirar. Hiperventilando cada vez más, te preguntas:

¿Habrá sitio en una fila al lado del pasillo, por si necesito salir de clase, si me encuentro mal? ¿Y si, cuando llevo unos minutos ahí, caigo redondo, haciendo el ridículo con un espectáculo patético?

Todo este runrún mental no es otra cosa que *miedo al miedo*. Tememos tanto esa situación a la que nos vamos a enfrentar que lo pasamos peor pensando en ella que lo que acaba siendo en realidad. Lo mismo les sucede a los actores primerizos antes de subir al escenario, o a un futbolista que encara un encuentro importante. Por muy acongojado que esté, cuando salta al campo las piernas corren por sí solas.

De ello extraemos dos importantes lecciones:

1. El verdadero remedio contra el miedo es la acción. Hay que hacer más y pensar mucho menos.
2. Acoger tu miedo lo hace mucho más manejable. Se convierte incluso en un aliado inesperado.

Esto es algo que los grandes conferenciantes saben bien. Hasta los más veteranos sienten a veces que les tiemblan las piernas al subir al estrado. Quizá porque hay muchísimo público, porque hace calor de verdad o porque han dormido mal o les duele algo. Son humanos, a fin de cuentas.

En esa tesitura, muchos oradores empiezan confesando a la audiencia que están nerviosos o que les impresiona la cantidad de público que ha venido. Eso no solo les ayuda a meterse el público en el bolsillo, como suele decirse, sino que la ansiedad que pudieran sentir baja de inmediato.

Volvamos a la famosa y muy cierta frase de Jung: *«Aquello que rechazas, te somete. Aquello que aceptas, te libera».*

Por lo tanto, como el verdadero amor, todo empieza por la aceptación.

Recuerdo que, en una época en la que viví en los Balcanes, escribí a una amiga de mi novia con la que había hablado alguna vez de estos temas. Ella me respondió con una carta muy luminosa que incluía esta frase:

«Ya no tengo miedo a tener miedo».

Creo que esta es la clave de todo el asunto que trata el libro que estás a punto de terminar, y que espero que te sea de ayuda para la vida.

Desde que nos conociéramos en aquella conferencia, he tenido la fortuna de hacer de editor personal de Álvaro. Eso me ha permitido ver crecer este libro, que es uno de los más originales y disruptivos jamás escritos sobre esta emoción tan humana.

A partir de su peripecia vital, hemos aprendido los muchos regalos que nos ofrece el miedo, si somos capaces de acogerlo y comprenderlo. Hay conceptos tan geniales como el del «gemelo feo», que llegamos a postular como título del libro.

Como el estudiante fóbico que se dirige al aula en medio de sudores fríos, todos tenemos un Pepito Grillo que nos molesta con sus peroratas, advertencias y escenarios catastrofistas. Como dice Álvaro Vizcaíno en este libro, si el «gemelo feo» está ahí es porque tiene o ha tenido alguna utilidad para nuestra supervivencia.

Sin embargo, de ti depende el crédito que des a su rollo.

«Gracias por prevenirme de todo lo que me puede pasar dentro del aula, pero voy a ir de todos modos, porque quiero aprobar la asignatura. Luego te cuento cómo me ha ido, compi».

Al hablarle así, tomas las riendas de tu vida, relegando al «gemelo feo» a un papel de mero consultor, o quizá al de un amigo fatalista, como muchos que habrás tenido. Ha dejado de ser el director de la obra.

Se le escucha con cariño, pero no hay que hacerle demasiado caso.

Este epílogo es mi pequeña síntesis de lo que has leído a lo largo de los diez capítulos de este libro, que es un tratado práctico sobre cómo vivir sin miedo al miedo.

Doy gracias a su autor, que hoy es un amigo, por abrirse en canal y ofrecernos estas valiosas lecciones para la vida.

Agradezco también a su editora, Esther Sanz, una vieja amiga que me ayudó a cruzar más de un río caudaloso cuando yo intentaba dedicarme a escribir.

Mi gratitud va también a la persona que tiene este libro en las manos, por haber llegado hasta aquí, concluyendo juntos esta aventura. Se atribuye a Peter Matthiessen, el autor de *El leopardo de las nieves*, la frase: «*Una persona sale de viaje y es otra quien regresa*». Espero que esta lectura te haya transformado, aunque sea solo un poco.

Mientras quede vida, está todo por hacer.

Con mucho cariño,
Francesc Miralles